青少科普探索系列

探索

水晶头骨
神秘之旅

郝言言◎编

哇！感知尘封的玛雅文明，
去想象那里有怎样的人生！

IC 吉林科学技术出版社

图书在版编目（ＣＩＰ）数据

探索水晶头骨神秘之旅 / 郝言言编. -- 长春 : 吉
林科学技术出版社，2013.6（2021.1重印）
ISBN 978-7-5384-6769-7

Ⅰ. ①探… Ⅱ. ①郝… Ⅲ. ①考古学－少儿读物
Ⅳ. ①K85-49

中国版本图书馆CIP数据核字(2013)第099894号

少儿百科探索系列

探索水晶头骨神秘之旅

编	郝言言						
编　委	谭英锡	刘　毅	刘新建	赖吉平	韩明明	程　绪	李文竹
	王丹昵	张艳梅	王亚娟	陈　蕊	戴小兰	李　洋	杨　珩
	张莉艳	华丽妍	燕春艳	彭　婷	周　磊	朱琳琳	冯　军
	何慧芬	齐　红	聂震雯	袁　婷			

出版人　李　梁
策划责任编辑　万田继
执行责任编辑　周　禹
封面设计　张　虎
制　版　李　伟
开　本　710mm×1000mm　1/16
字　数　240 千字
印　张　10
版　次　2014年8月第1版
印　次　2021年1月第7次印刷

出　版　吉林科学技术出版社
发　行　吉林科学技术出版社
地　址　长春市人民大街4646号
邮　编　130021
发行部电话/传真　0431-85635177　85651759　85651628
　　　　　　　　　85677817　85600611　85670016
储运部电话　0431-84612872
编辑部电话　0431-85610611
网　址　http://www.jlstp.com
印　刷　北京一鑫印务有限责任公司

书　号　ISBN 978-7-5384-6769-7
定　价　29.80元

F前言OREWORD

水晶头骨仅仅是一个水晶制作的头骨，但是围绕这颗头骨的谜题却多如牛毛，不论是它的发现，还是关于它的种种预言，都让它成为人们谈论的焦点。水晶头骨是玛雅人留下的艺术品，但这个艺术品太过精美，没有人相信这个艺术品仅仅是一个摆设，它对玛雅人来说一定是很特别的存在。之后流传的各种有关玛雅水晶头骨的传说，大概就是根据这个原因而来，令水晶头骨获得了浓厚的神秘色彩，并且成为了玛雅文明的一大代表。关于水晶头骨和玛雅文明的秘密，其实数不胜数，而水晶头骨则是很好的切入点，从水晶头骨的神秘之处，去了解玛雅人以及他们创造的玛雅文明，还有那些神秘的远古文明。这些对于水晶头骨来说，可能都是一种暗示，暗示水晶头骨的不同寻常之处。

想要了解水晶头骨，就要先了解水晶头骨到底是什么。水晶头骨其实是指一些由水晶雕刻而成的头骨艺术品，只不过我们所讲的水晶头骨是由米歇尔·黑吉斯在玛雅发现的水晶头骨，这颗水晶头骨因其独特的构造和背后的传说，成为水晶头骨的代名词，文中所讲的水晶头骨指的就是这颗水晶头骨。这颗水晶头骨是由整块大水晶打磨而成，科学家估计，要想打磨这样的一颗水晶头骨，以古代玛雅人的技术，需要不眠不休的打磨300年！也就是说，这颗水晶头骨仅仅是打磨的时间，可能就要超过1000年，而且还要由专门的人用沙子和水细心地打磨，否则这颗水晶头骨

很容易就会碎裂。

水晶头骨一经面世，就引来了众多人的关注，不论是它和人类头骨完美的相似，还是它那传奇的传说。据玛雅人后裔说，这颗水晶头骨是10万年前制造的，根据当时一个大祭司的头骨制造出来的。据说，这种水晶头骨共有13个，这13个水晶头骨是玛雅祖先为了拯救世界而制造的，里面包含了世界上一切的信息，还有宇宙的奥秘。当世界末日来临的时候，只要将13个水晶头骨凑齐，就能获得拯救世界末日的力量，并且会得知其中的知识。

其实，历史上确实有许多文明被毁灭，不论是恐龙的灭绝，还是传说中的亚特兰蒂斯文明，都是记载中被毁灭的文明。我们的人类文明也摆脱不了这个命运，终有一天会迎来世界末日。科学家还对那些威胁人类的原因做了统计，发现世界末日不但很有可能爆发，而且大部分的原因就是我们人类。随工业文明的出现，人类所生活的地球已经不是一个健康的地球，各种环境问题以及污染都在威胁人类的生存，相信有一天我们人类会毁灭在自己手中，不论是因为核武器，还是环境污染。

本书通过水晶头骨引出玛雅文明，之后又对头骨的文化做了详细地分析，并且试图向读者展示远古文明的存在。介绍这些事实的时候，力图用最简洁的语言，和趣味性的知识，让读者能很快了解水晶头骨背后的故事。

水晶头骨不论是否有传说中那么神奇，它的价值都是无法估量的，这颗神秘的头骨以及背后的玛雅文明，相信会让广大青少年对古代和未来的秘密认识更多。还在等什么，让我们一起穿梭在过去和未来的时空中，探寻水晶头骨之谜吧！

目录
CONTENTS

第一章
智慧结晶——鬼斧神工的惊世之作

　　玛雅人除了历法中的冬至日被世人误认为是世界末日而广为流传外，还有关于水晶头骨的传说也令许多人津津乐道。这颗由整块水晶打磨而成的水晶头骨，不论是它的出现，还是其背后的传说，仿佛都有着神奇的魔力，令许多人对它着迷。那么，这颗水晶制作的头骨究竟有着哪些神奇的传说呢？下面让我们一起走进水晶头骨的探索之旅。

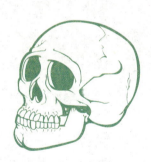

第二章
玛雅文明——世界第五大文明古国

　　说起水晶头骨就不得不提一个民族——玛雅民族。水晶头骨和 2012 年世界末日预言都出自玛雅人，人们关注这个民族所留下的谜题，却很少留意这个民族所创造的文明，不了解这是一个多么神奇的民族。了解玛雅人所创造的文明，无疑是了解水晶头骨的必经之路，只有这样才能对这颗水晶头骨有更透彻的了解。

第三章

玛雅之谜——揭秘世界最大未解之谜

　　玛雅文明创造了雄伟的城市，建立了完整的农业系统，并且拥有整个美洲最强大的军队，可就是这些别人梦想的东西，却被玛雅人轻易地放弃了。玛雅人突然消失，就如同他们突然出现一样，留给我们的是无尽地谜题。究竟玛雅人留给我们哪些谜题？这些谜题是否又预示着 2012 世界末日和水晶头骨呢？

第四章

世界末日——是预言还是世人误解

不论是末日理论还是水晶头骨的传说，貌似都预示人类文明将迎来一大的浩劫。其实，在地球的几十亿年历史中，发生过太多次所谓的世界末日，比如恐龙的灭绝、亚特兰蒂斯的毁灭等。人类貌似也逃脱不了这样的命运，可能未来的某一天，我们也会面临恐龙一样的末日，或者迎来一次新的文明。

第五章

奇特头骨——世界上各类神秘头骨

水晶头骨固然神秘，但相对来说，它并不是最神秘的。历史是很漫长的，人们发现了许许多多有关头骨的传说和实物，这些头骨都有其神秘的地方，或者代表了一个新的文明。人们对头骨的认识，已经逐渐成为一种文化，成为了独特而又神秘的头骨文化。相信有一天，不论是人类的头骨，还是被制造的头骨，依靠这些头骨会让我们更好地了解自己。

第六章

未解之谜——探索史前文明的真相

人类出现在地球以前，难道真的没有其他文明出现了吗？地球经历了几十亿年的岁月，为何到现在才让人类出现？种种考古发现似乎告诉我们，人类并不是地球的主宰，早在很久以前地球上就已经有过类似文明出现了，只不过最后因为各种原因而被摧毁。这似乎从另外的角度印证，人类的文明也有结束的一天。

第一章
Chapter 1

智慧结晶——鬼斧
神工的惊世之作

玛雅人除了历法中的冬至日被世人误认为是世界末日而广为流传外，还有关于水晶头骨的传说也令许多人津津乐道。这颗由整块水晶打磨而成的水晶头骨，不论是它的出现，还是其背后的传说，仿佛都有着神奇的魔力，令许多人对它着迷。那么，这颗水晶制作的头骨究竟有着哪些神奇的传说呢？下面让我们一起走进水晶头骨的探索之旅。

骷髅头代表的古老含义

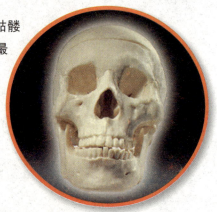

水晶头骨是一颗用整块水晶雕琢而成的骷髅头，和正常骷髅头大小一样。当然，最吸引人的不是这块大水晶，而是关于这颗水晶头骨的传说。相传，这颗水晶头骨具有神奇的力量，能够帮助人们度过世界末日。想要了解这颗水晶头骨，先要了解骷髅头代表着什么，玛雅人为什么要雕刻骷髅头。

一看到骷髅头，我们的第一感觉就是死亡。人死之后，经过一段时间，遗留下的身躯只剩空空的骨架。出于对死亡的恐惧，自古以来人人都害怕骷髅头，特别是那失去眼睛的空洞眼窝，仿佛有一个灵魂在注视着外面的一切。

所以，古时候有很多宗教认为，骷髅头具有神奇的力量，它会让人产生恐惧，让人联想到死亡，所以一些宗教组织的上层人物，就会利用骷髅头进行各种宗教仪式，希望能获得神奇的能力。

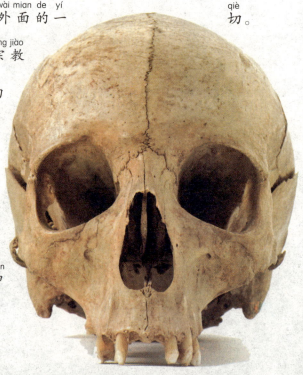

危险的警示标志

骷髅头如今已经成为危险的代名词，一些危险的地方会竖立骷髅头的标志，而且骷髅头的后面还有摆成"X"型的两根骨头棒子。这样的标志如果出现，就说明伴随着危险，尤其是化学药品和有爆炸危险的地方，会用上这种警示标志。至于为什么用骷髅头做警示标志，可能和海盗有关。

中世纪时期的海盗们，会将骷髅旗悬挂在桅杆顶端，以表明自己的身份。根据考古学者的研究，升起这种带骷髅头的旗帜起初是为了吓唬对方，让对方认为自己是死亡的象征。久而久之，越来越多的海盗认为这种骷髅旗能为他们带来好运，表明他们并不惧怕死亡，之后就成为了海盗的一种标志。但是，这种标志也并非统一使用，海盗旗的样式多种多样，骷髅旗的样式也多种多样，之后人们看见骷髅旗就知道这是海盗了。

如今，人们就在危险、有毒的物质外面贴上骷髅头的标志，表示这种东西很危险，这样，就起到警示他人的作用了。

宗教中骷髅头的含义

Tips 知识小百科

头骨是人类保护大脑的重要器官，没有头骨就很容易令大脑受到损伤。许多邪教也会利用头骨，宣扬自己是死亡的控制者，不信仰邪教的人就会被死神抓走。到了现代，骷髅头已经成为了一种文化，代表了一种青年的潮流。

宗教和骷髅头似乎有着千丝万缕的关系。西藏佛教的宗教仪式中，僧侣就会佩戴骷髅头的面具，身上还穿着骷髅骨架的衣服，以此象征着死亡和轮回。而把骷髅表示成死亡的宗教，大多都是一些不被认同的宗教，这些宗教利用人对骷髅的惧怕，对死亡的恐惧，通过这样的手段来吓唬信徒。

对于美洲的玛雅文明来说，骷髅头也一样不能被简单地理解成危险，而是一种和佛教类似的积极含义。比如玛雅宗教中的骷髅头并不代表死亡，而是代表人体可以通过死亡脱离肉体的束缚，从而让灵魂前往祖先和神灵生活的地方，得到自由和升华，获得永恒的快乐。也就是说，玛雅人认为一个人变成骷髅后，不应该为他感到悲哀，而应该感到高兴，因为骷髅代表了这个人的灵魂已经得到了升华，不用再饱受世间的痛苦，是一件值得高兴的事情。而那些变成干尸的尸体，玛雅人则认为这是不祥之兆，代表这个人的灵魂是邪恶的，得不到祖先和神灵的宽恕，所以才不能化为骷髅。所以，这也可以说明玛雅人为何要制作一颗水晶头骨。

头骨的组成

人类的头骨通常由29块骨头组成。除了下颌骨，其他骨头之间由骨缝连接，只允许微量的运动，剧烈运动就会损伤这些骨头。头骨的最上方由8块骨头组成，形成了容纳并保护大脑的脑颅，也就是骷髅头圆形的地方。还有14块骨头组成了面颅，也就是我们的脸部，主要作用是支撑面部，形成面部轮廓。剩下的骨头通常认为不是头骨的一部分，因为这些骨头不与头骨相连，但却是头部的重要组成部分，其中包括6块听小骨和舌骨。

头骨的表面有许多空洞，分别是眼眶、鼻腔。鼻腔连接着呼吸器官和大气管，是我们呼吸的主要通道。鼻腔中还有副鼻腔，而它的功能至今没有被发现，有可能是为了减轻颅骨重量而不损害大脑，或者为了加强声音共鸣之类的作用。骨头通常由膜内骨化和软骨内骨化形成。面颅以及脑颅顶和两侧的骨头由膜内骨化形成，支撑大脑的骨头大多由软骨内骨化形成。

下颚骨是一块可以脱离头骨的部分，只在脸颊两侧有连接的地方，很容易造成脱臼。水晶头骨的下颚就能拆掉，而且各个部分和真实的头骨极其相似，连细微的地方都很像，不得不让人惊讶古人的技艺。

对死亡感恩的骷髅文化

说起水晶头骨，最奇怪的就是为什么玛雅人要把它雕刻成一个头骨形状的物体，莫非是指望这颗水晶制造的头骨能够说话吗？水晶当然不能说话，不论雕刻成什么样子都不可能，那玛雅人雕刻成骷髅头的用意又是什么呢？

从前面的一些介绍可以得知，玛雅人并不是唯一喜欢雕刻骷髅头的民族，之前的奥尔梅克人也会雕刻各种骷髅头饰品，之后的阿兹特克人也是一样。现在的墨西哥人，还保留着许多和骷髅有关的节日和庆祝活动，可以看出，这种对骷髅文化的崇拜一直得到了传承。

位于墨西哥城的墨西哥人类学博物馆里，陈列着许多骷髅

头的装饰品，这些恐怖的骷髅头饰品都是来自于古代美洲大陆的各个文明时期，其中产量最大的是阿兹特克文明时期的。这种对骷髅头的崇拜，对于墨西哥人来说属于很正常的事情，就和中国人崇拜龙一样。为此，墨西哥还有一些特别的节日和活动。

墨西哥人眼中的骷髅头

对于在墨西哥发现的众多的骷髅头，他们自己是如何看待的呢？中国人肯定不会制作这样的骷髅头饰品，因为骷髅头在中国人心里代表了死亡和邪恶，没有人会佩戴这种奇怪的饰品。更不会用真人的脑袋当作工具，因为这是对人的一种亵渎，这在中国的道德观念中是不允许的。而墨西哥人不一样，他们对死亡的态度并非是沉重的悲伤，也不会惧怕骷髅头的空洞眼窝中折射的死亡。他们认为，死亡是一种过程，是生命的周期，这和中国的轮回之说十分相似。也就是说，人的死亡并不是真正死亡，而是会进入新的生命起点，会以一个全新的生命出现在世界上。所以，墨西哥人常常会用轻松诙谐的态度去看待死亡，自然也就不会对骷髅头有任何惧怕和敬畏了。

墨西哥著名作家、诺贝尔文学奖获得者奥克塔维奥·帕斯说："死亡其实是生命的回照。如果死得毫无意义，那么，其生必定也是如此。""死亡才显示出生命的最高意义，是生的反面，也是生的补充。"这些观点不但带有墨西哥民族特征的文化现象，也表现了墨西哥人的生命价值与哲学观念。所以

Tips 知识小百科

节日里，不分男女老幼，都可以戴着面具，穿上印着白骨的鬼怪衣服，在街上招摇过市，表示亡灵归来。死者根据死因、年龄、性别以及有时根据职业的不同，分为不同的类型，不同类型的死者都有不同的纪念日。

说，骷髅并不一定就代表死亡，而且死亡也并不是悲伤的，这在墨西哥就是一个很正常的观点。在我们看来，死亡是悲伤的，因为再也见不到亲人；而墨西哥人认为，死亡意味着灵魂将前往天堂，而且会得到重生。

奇特的风俗

墨西哥地区的原住民，也就是当地的土著，至今仍保存着阿兹特克历法，而且根据这个历法活动。这个历法中有连续两个月都是20天，而这有20天的两个连续月份被称为"幼灵节"和"成灵节"。这两个月是庆祝死者的节日，这一点中国人可能不能理解，因为我们会纪念死者，缅怀他们，但墨西哥的原住民却是庆祝。墨西哥土著的亡灵节在每年七八月间，那一天他们会进行很多活动。每年的亡灵节，就是阿兹特克人的哲学观念和习俗的体现。人们祭奠亡灵，非但没有悲哀的场面，甚至载歌载舞，通宵达旦，意在与死去的亲人一起欢度节日。

每年到这个时候，来自世界各地的人会汇集到墨西哥，一起纪念自己曾经逝去的亲人，并且参加这种独特的风俗活动。所以，每年这个时候，墨

西哥都是一片欢乐的气氛，在街上能看见各种用于庆祝节日的服装，而且还会买到许多节日的纪念品。

庆祝死亡的节日

当地土著人认为，人死后并不会什么都消失，而是有灵魂的存在。只有善待这些死者的灵魂，让亡灵高高兴兴地回家过节，才能保佑来年活着的人得到幸福、无病无灾，庄稼也会大丰收。16世纪早期，西班牙人征服了整个美洲，占领了现在墨西哥地区。当地土著被迫改变信仰，引入的节日包括了"幼灵节"和"万灵日"，分别是11月1日和11月2日。当地的土著居民虽然接受了这两个节日，但将这两个节日融入到了

自己的传统文化中，用于纪念死者。于是，西班牙独特的亡灵节就成了这两个节日独一无二的混合产物。每年的11月1日是"幼灵节"，用于怀念不幸早逝的孩子，11月2日是"万灵日"，是大家缅怀故去成年人的日子。

为何用水晶制作头骨

水晶头骨是由一块大水晶逐渐雕琢而成，水晶的价值要比黄金高，而且其硬度极高，当时根本没有任何东西能对其进行打磨。那么，玛雅人为何还要选择用这种材料制作头骨，又为什么要花费几个世纪打磨这颗水晶头骨呢？

水晶自古以来就是一种受到人们喜爱的矿物，这种矿物以其通透和发光的特质，成为一种装饰物。水晶其实是一种石英石的单晶体，和沙子是同一种物质，只是结构不同而已。水晶的主要成分是二氧化硅，没有颜色，只有少量混有其他矿物质的水晶才具备颜色。比如红色的水晶中含有铁元素，而绿色的水晶中含有铜元素。还有一部分水晶，其中包含了动物或者植物，极其罕见。

水晶的硬度达到了莫氏7，这种硬度已经十分高了，最坚硬的金刚石也只是莫氏10而已。因为其硬度极高，所以难以打磨，况且当时的玛雅人没有任何金属工具，大多还是使用石器工具。所以，以当时的技术想要打磨一大块水晶，根本是不可能的事情。后来有科学家称，这并不是不可能的事情，只是需要用沙子和水连续打磨300年的时间！不可思议，连续300年不眠不休打磨这块水晶，究竟是什么力量支撑着玛雅人完成这样的工

zuò huò zhě zhè ge shuǐ jīng tóu gǔ bìng bú shì dǎ zào ér chéng ér shì yóu shén qí de lì liang
作？或者，这个水晶头骨并不是打造而成，而是由神奇的力量

zhì zuò ér chéng de
制作而成的？

具有记忆功能的水晶

shuǐ jīng de yòng chu dāng rán bù zhǐ shì shōu cáng duì yú shuǐ jīng lái shuō zuì dà de yòng chu
水晶的用处当然不止是收藏，对于水晶来说，最大的用处

jiù shì zhì zuò chéng diàn zǐ líng jiàn dāng rán méi yǒu rén huì zhè yàng zuò yīn wèi shuǐ jīng de jià
就是制作成电子零件。当然，没有人会这样做，因为水晶的价

zhí hěn gāo tè bié shì tiān rán shuǐ jīng wǒ men zhī dao diàn zǐ yuán jiàn zhōng zuì zhǔ yào de shì
值很高，特别是天然水晶。我们知道，电子元件中最主要的是

guī yuán sù shì zhì zuò bàn dǎo tǐ de zuì jiā cái liào dì qiú shang guī yuán sù de hán liàng jí gāo
硅元素，是制作半导体的最佳材料。地球上硅元素的含量极高，

dàn dà duō shù shì yǐ èr yǎng huà guī de xíng shì cún zài suǒ yǐ xiǎng yào zhì zuò diàn zǐ yuán jiàn
但大多数是以二氧化硅的形式存在。所以，想要制作电子元件，

jiù yào cóng èr yǎng huà guī zhōng tí qǔ chū guī yuán sù
就要从二氧化硅中提取出硅元素。

duì yú chún jìng de shuǐ jīng lái shuō yě jù yǒu diàn zǐ líng jiàn de gōng néng tè bié shì lèi
对于纯净的水晶来说，也具有电子零件的功能，特别是类

sì mǎ yǎ shuǐ jīng tóu gǔ zhè zhǒng chún jìng shuǐ jīng suǒ yǐ yǒu rén cāi cè shuǐ jīng tóu gǔ qí shí jiù
似玛雅水晶头骨这种纯净水晶。所以，有人猜测水晶头骨其实就

shì yí gè chǔ cún xìn xī de diàn nǎo
是一个储存信息的"电脑"，

yòng lái bǎo cún shì jiè shang yí qiè zhī
用来保存世界上一切知

shí zhè yě jiù shì wèi shén me yòng shuǐ
识，这也就是为什么用水

jīng diāo kè de yuán yīn guān yú shuǐ jīng
晶雕刻的原因。关于水晶

tóu gǔ hái yǒu yí gè chuán shuō kě yǐ
头骨还有一个传说，可以

cóng cè miàn zhèng shí shuǐ jīng tóu gǔ jiù
从侧面证实水晶头骨就

shì yí gè diàn nǎo zhè zhǒng cāi
是一个"电脑"这种猜

cè
测。

水晶头骨的传说

玛雅人的后裔一直流传着一个传说，传说的内容是水晶头骨里隐藏了人类的一切信息，包括死亡和永生的秘密。世界上一共有13颗水晶头骨，当这13颗水晶头骨凑齐到一起后，这13

> 结晶完美的水晶晶体属三方晶系，常呈六棱柱状，柱体为一头尖或两头尖，多条长柱体联结在一块，通称晶簇，美丽而壮观。毛泽东主席的水晶棺最终选取优质天然东海水晶做原料，目前最大的一块水晶也出自连云港东海县。

颗水晶头骨中的秘密就会被解开，到时人类就能得知世界上一切的信息，包括生命的起源、地球的秘密，甚至能帮助人类解开宇宙之谜。科学家们认为，如果传说是真的，那么水晶头骨就有可能是一个储存秘密资料的信息存储器，通俗地说，就是一块大容量的硬盘。也就是说，水晶头骨可能是玛雅人留给我们的硬盘，其中包含了玛雅人的知识和成果。至于这些水晶头骨凑到一起怎样揭晓秘密，还难以知晓，可能这些水晶头骨会开口说话也说不定，毕竟它们都有一个能活动的下巴。

科学家做过一个这样的实验，他们利用水晶当作信息的存储装置，用激光将一些信息写进去，然后等一段时间后再用指令将它恢复。结果发现，里面的数据完好无损。实验证明，如果在数千年、数万年前有人把数据写进水晶头骨的话，它依然可以保存到今天。但是，当时刀耕火种的原始玛雅人，会拥有

jī guāng jì shù ma　　jì rán méi yǒu jī guāng jì shù　　yòu shì shuí jiāng xìn xī xiě jìn qu de ne
激光技术吗？既然没有激光技术，又是谁将信息写进去的呢？

yǒu xiē rén cāi cè　　hěn yǒu kě néng shì wài xīng rén jiāng xìn xī xiě jìn qu　　rán hòu zài jiāng tā zhì zuò
有些人猜测，很有可能是外星人将信息写进去，然后再将它制作

chéng shuǐ jīng tóu gǔ liú gěi mǎ yǎ rén　　gěi hòu lái de rén lèi liú xià tā men de xìn xī
成水晶头骨留给玛雅人，给后来的人类留下他们的信息。

水晶的含义

shuǐ jīng chú le yǒu shōu cáng jià zhí wài　　hái yǒu yí dìng de hán yì　　xǔ duō guó jiā de chuán
水晶除了有收藏价值外，还有一定的含义。许多国家的传

tǒng wén huà zhōng　　shuǐ jīng dōu bèi rèn wéi shì bǎo yòu píng ān hé pì xié de shèng wù　　bú dàn néng gòu
统文化中，水晶都被认为是保佑平安和辟邪的圣物，不但能够

jìng huà rén de xīn líng　　hái néng bāng zhù rén men tí gāo zì jǐ de líng xìng　　ào dà lì yà de tǔ zhù
净化人的心灵，还能帮助人们提高自己的灵性。澳大利亚的土著

jiù rèn wéi　　shuǐ jīng shì yì zhǒng shèng jié de shí tou　　tā men yīng xióng de bǎo zuò jiù yóu shuǐ jīng
就认为，水晶是一种圣洁的石头，他们英雄的宝座就由水晶

diāo zhuó ér chéng de
雕琢而成的。

dào le xiàn zài　　shuǐ jīng yī jiù bèi fù yǔ le hěn duō zhǒng yì yì　　bǐ rú yǒu rén xiāng xìn
到了现在，水晶依旧被赋予了很多种意义，比如有人相信

shuǐ jīng jiù hé shēng xiào　　xīng zuò　　xuè xíng yǒu guān xi　　bù tóng yán sè de shuǐ jīng néng gòu gěi
水晶就和生肖、星座、血型有关系，不同颜色的水晶能够给

xiāng yìng de rén dài lái hǎo yùn
相应的人带来好运。

意外发现的水晶头骨

玛雅的水晶头骨是在玛雅金字塔里发现的，这颗水晶头骨也是众多水晶头骨中最有名的一个，不论是发现过程的相关传说，还是这颗水晶头骨的艺术价值，都令它成为众人眼中的无价之宝。

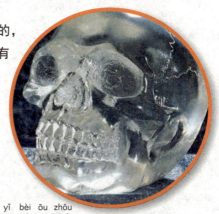

19世纪的时候，美洲大陆早已被欧洲人征服，而当时许多人都做着一夜暴富梦，希望能找到各种传说中所记载的迷失文明。那是一个探险的时代，弗雷德里克·阿尔伯特·米歇尔·黑吉斯就是其中一人，一个找寻亚特兰蒂斯文明的探险家。黑吉斯相信，曾经的亚特兰蒂斯文明，至今只有在美洲大陆上才有一些遗迹。

1924年，经过了大量的准备工作，为了寻找失落的文明，黑吉斯组织了一支探险队，从英国利物浦出发，沿水路前往中美洲，希望能

在那里找到一丝线索，证明自己的推测。跟黑吉斯一起同行的，还有他的养女安娜，当时安娜只有17岁，而且经常和自己的养父四处探险。

上天送的生日礼物

到达中美洲以后，黑吉斯就开始了漫长的寻找工作。期间他们找到了许多玛雅族的部落遗址，但是没有找到任何有价值的东西。就这样，经过了两年多的

寻找，黑吉斯终于在密林深处，发现了一处几乎被人遗忘的玛雅城邦——"失落的石头城"卢巴安敦。这座破旧的城邦已经被大树和藤蔓所覆盖，探险队用了整整一年的时间才让这座遗址重见天日。这座古老城邦的范围超过了15平方千米，其中寺庙、广场、金字塔、地下室应有尽有。漫步在这片遗址上，仿佛还能看到当时玛雅人的生活场景。

发现这座古城，让探险队员的精神为之一振，于是开始了漫长的挖掘工作。对于探险队来说，挖掘工作是及其漫长且辛苦的，而安娜却并不觉得无聊，反而很乐于在玛雅遗址里四处玩耍。一天，天气特别闷热，探险队成员都停止工作休息去了。安娜一个人跑出来，决定爬上这片遗址中最高的金字塔，看一

kàn zhè piàn yí zhǐ de quán mào　　　dāng ān nà pá shàng dǐng céng hòu　　　jū gāo lín xià de gǎn jué ràng ān
看这片遗址的全貌。当安娜爬上顶层后，居高临下的感觉让安

nà shí fēn xīng fèn　　　jiù zài zhè shí　　　tā tū rán fā xiàn jīn zì tǎ de liè fèng shēn chù　　　yǒu yí gè
娜十分兴奋，就在这时，她突然发现金字塔的裂缝深处，有一个

shǎn shǎn fā guāng de dōng xi　　　jīng guò le liǎng gè xīng qī de wā jué　　　zhōng yú zài jīn zì tǎ de
闪闪发光的东西。经过了两个星期的挖掘，终于在金字塔的

shēn chù fā xiàn le zhè ge shǎn shǎn fā guāng de wù tǐ　　　yì kē shuǐ jīng tóu gǔ de shàng bàn bù fen
深处发现了这个闪闪发光的物体，一颗水晶头骨的上半部分。

dāng tiān　　　zhèng hǎo shì ān nà de shēng ri　　　suǒ yǐ dà jiā jiāng zhè kē tóu gǔ mìng míng wèi　　　mìng
当天，正好是安娜的生日，所以大家将这颗头骨命名为"命

yùn tóu gǔ
运头骨"。

整个水晶头骨被发现

zhè kē shuǐ jīng tóu gǔ bèi fā xiàn hòu　　　tàn xiǎn duì de chéng yuán gāo xìng le hěn jiǔ　　　yīn wèi
这颗水晶头骨被发现后，探险队的成员高兴了很久，因为

zhè kē shuǐ jīng tóu gǔ tài ràng rén jīng yà le　　　shuǐ jīng tóu gǔ hé rén lèi tóu gǔ de dà xiǎo xiāng tóng
这颗水晶头骨太让人惊讶了。水晶头骨和人类头骨的大小相同，

ér qiě gè fāng miàn dōu jí qí xiāng sì　　　fǎng fú jiù shì yí gè shuǐ jīng rén de tóu gǔ　　　ér qiě　　　zhè
而且各方面都极其相似，仿佛就是一个水晶人的头骨。而且，这

kē shuǐ jīng tóu gǔ jù yǒu wán zhěng de tóu gǔ jié gòu　　　xià è lián jiē chù hái yǒu liǎng gè āo cáo　　　yìng
颗水晶头骨具有完整的头骨结构，下颚连接处还有两个凹槽，应

gāi shì yòng lái gù dìng shuǐ jīng xià è de　　　gēn jù zhè ge tuī duàn　　　hēi jí sī hé tàn xiǎn duì yuán jì
该是用来固定水晶下颚的。根据这个推断，黑吉斯和探险队员继

xù wā jué　　　xún zhǎo zhè kē shuǐ jīng tóu gǔ de xià è bù fen　　　tā xiāng xìn xià è yí dìng jiù zài bù
续挖掘，寻找这颗水晶头骨的下颚部分，他相信下颚一定就在不

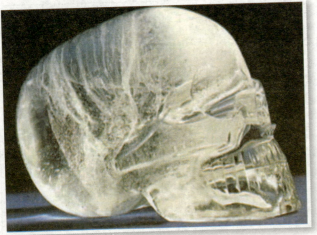

yuǎn chù
远处。

gè yuè hòu　　　tā men zài qī mǐ
3个月后，他们在七米

yǐ wài　　　yí gè bèi shā tǔ suǒ yǎn mái de
以外，一个被沙土所掩埋的

dì fang fā xiàn le shuǐ jīng tóu gǔ de xià
地方发现了水晶头骨的下

è bù fen　　　lìng rén jīng yà de shì　　　zhè
颚部分。令人惊讶的是，这

ge xià è bù fen fàng zài tóu gǔ shang
个下颚部分放在头骨上，

liǎng kuài tóu gǔ zhèng hǎo néng hé zài yì
两块头骨正好能合在一

起，与真人头骨一般大小，还能自由的活动。这个惊奇的发现让在场的所有人都震惊了，不敢相信，当时的玛雅人竟然有如此伟大的创造力，竟然能制造出这么完美的艺术品！这块水晶头骨的发现激励了整个探险队，于是他们继续抓紧时间挖掘剩下的文物。

水晶头骨现身世界

对于这块水晶头骨，黑吉斯并不清楚它的用处，所幸当时参与挖掘工作的当地土著知道。当地土著说他们世代流传着一个古老的传说，十多万年以前，古老的玛雅人根据部落里一个很有威望的祭祀的头颅，用一块大水晶雕刻成一颗水晶头骨。这个土著还说，当世界面临危险的时候，头骨会开口说话，讲述世界的真相。听到这些话后，黑吉斯决定将水晶头骨留给当地土著，把这个圣物物归原主。

挖掘工作当时已经接近尾声，黑吉斯也要带着养女回到英国，当地的土著为了报答他们长期的照顾，就把水晶头骨回赠给了安娜，当作是安娜的礼物。就这样，黑吉斯和安娜回到了英国，并且召开了新闻发布会，述说他们在中美洲的一系列发现，其中就包括水晶头骨。至此，水晶头骨出现在了世人眼前，一系列的传说和预言也应运而生。

水晶头骨传说的开始

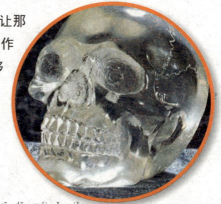

水晶头骨究竟有什么神秘之处，竟然能让那么多人为之着迷？莫非，这颗水晶制作而成的头骨，真的有什么神奇的能力，能够吸引人的灵魂，让人对它无法自拔吗？无论如何，关于水晶头骨的传说确实流传开来了。

就连挖掘出水晶头骨的黑吉斯都没有想到，水晶头骨竟然能在未来的某一天成为众人争相传说的神秘之物。这颗水晶头骨给将来研究它的人带来的不仅仅是谜题，还有那些神乎其神的传说，这些传说正是水晶头骨一直被人关注的原因。

水晶头骨的秘密

对于水晶头骨来说，最有发言权的就是挖掘出它的黑吉斯。在他后来所著的书中，也提到了这颗神奇的水晶头骨，然而，却并没有说这颗水晶头骨有哪些神奇的力量或者和末日有关。当时，黑吉斯说这颗水晶头骨是"厄运头骨"，和之前定好的"命运头骨"这个称呼可完全不一样。据黑吉斯自己称，这颗头骨是邪恶的化身，头骨内有不为人知的力量，这个力量十分强大，能够轻易摧毁整个地球。而且自从水晶头骨被发现，他们的探险队就接连发生意外，特别是一些研究它的人遭遇了不幸，所以这个头骨被称为"厄运头骨"一点不为过。他的养女安娜还说，古代玛雅人祭祀，为了避免这个有强大的力量的头骨落入邪恶人的手里，还派了专门的侍卫守卫这个水晶头骨。

当时黑吉斯根据头骨的特征，认定这颗头骨是古玛雅人用于祭祀的。他们认为，这颗水晶头骨的下方有两个穿孔，很可能是固定用的，比如固定在金字塔的上方，让玛雅人膜拜。或者，古代玛雅人将头骨用木棍支撑，然后将头骨至于火堆中，当熊熊烈火燃烧的时候，水晶头骨就会在火焰中闪光，仿佛在显灵讲话一样。可能就是这样的现象，让玛雅人误以为这颗水晶头骨具有十分神奇的力量，所以流传下了古老的传说。

研究水晶头骨

这块水晶头骨被黑吉斯公布出来以后，立刻引起了全世界考古学者的关注，特别是那些对玛雅文化着迷的考古学者。当时，英国的考古学者就请求安娜将这颗水晶头骨暂借一段时间，让他们好好研究一下这块水晶。

当时经过测量，这颗水晶头骨使用一整块高纯度的水晶打磨而成，根据一个成年人的颅骨雕刻而成，做工十分精细，没有任何瑕疵，哪怕是放在显微镜下，也看不出一丝粗糙加工的痕迹。最神奇的是，这颗水晶头骨的下颚可以自由拆卸，和人类的完全一样。这颗水晶头骨重5千克，长18厘米，宽和高均13厘米。科学家们根据当时玛雅人的科技水平推断，这颗水晶头骨只有一种可能才能被打磨出来，就是用极细的沙子和水慢慢地在水晶原石上进行打磨。这样的打磨需要耗费很长时间，连续24小时的工作，也需要工作300年的时间！

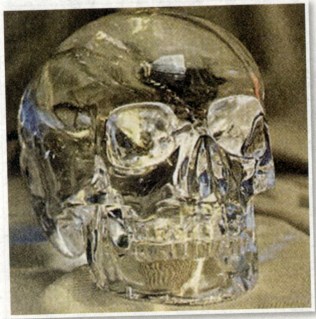

水晶头骨的传说不胫而走

经过这些鉴定，科学家对这颗水晶头骨的猜测更加疑惑，因为实在想不出来古代玛雅人为何要煞费苦心雕刻一颗这样的头骨，这颗头骨又到底是作何用处，难道仅仅是祭祀用的工具吗？

因为二次世界大战来临，科学家们没有时间对这颗水晶头骨进行过多研究。世界大战后，考古工作继续。借助高科技工具的帮助，玛雅文化的神奇更多地展现在人们眼前。科技的发展令考古工作进行得很快，许多玛雅遗迹被发现。就在这些被发现的玛雅遗迹中，人们发现了有关水晶头骨的传说：玛雅人一共雕刻了13颗水晶头骨，这13颗水晶头骨包含了世界上所有的信息，也包括了人类的死亡和出生之谜。水晶头骨的能量十分巨大，所以被很多的玛雅人带往世界各处，当末日来临的时候，这13颗水晶头骨汇合在一起就能拯救全人类。

这样的传说让人立刻想起了安娜手上的水晶头骨，确实，这块水晶头骨有很多不可思议的地方，很像传说中的水晶头骨。之后，水晶头骨和玛雅末日预言一起流传开来，渐渐形成了整个玛雅神秘文化中最具代表性的物品。

玛雅预言都会实现吗

水晶头骨的传说流传开来后，渐渐形成了以水晶头骨为主的一系列玛雅文化探索，特别是有关玛雅预言的探索。经过大量研究，研究者惊奇地发现，原来玛雅预言并非普通预言，而是确切地预言出许多世界大事。

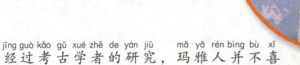

经过考古学者的研究，玛雅人并不喜欢预言，可考证的预言只有两个，一个是玛雅种族的灭亡，一个是2012的世界末日。第一个是已经成功的预言，时间也对上了，这就让人担心，会不会玛雅人的第二个预言也会实现呢？

关于玛雅人第一个预言，是在一处玛雅遗址上发现的。当时考古专家在挖掘玛雅遗址时，突然发现了一处古怪的文字。这段文字的记录十分简单，只有数字和简单的几个字。经过考古学者破译后，发现这上面记述了玛雅人对自己末日的记载。玛雅人对自己末日并没有表现出过于恐怖，只是很平淡地记载下来，甚至没有任何描写玛雅人末日时的场景。这一点让考古学者震惊，看来玛雅人对自己的末日并不在意，早已经接受了这样的命运。这样对于玛雅人突然的消失，似乎可以很好的解释，因为早就接受了这样的命运，所以在末日来临之前就离开了家乡。

玛雅人的世界末日预言

其实没有所谓的玛雅人世界末日预言，只不过是玛雅历法的结束时间而已。就和20世纪结束，21世纪到来一样，只不过是一个新的开始而已。但是玛雅人对这种时代的开始十分看重，认为这次的历法循环，会让人类进入新的文明，从而得到灵魂的升华。

玛雅人的世界末日观和他们的历法有关系，古代玛雅人认为，地球每经过5125.37年就会进入一次文明的循环，这种循环是不可逆转的。因为每到这一天，地球就会经历一次大变化，从而令地球上的文明进入新的世纪。而人类这一次的循环结束，正好在2012年12月21日的时候到来，也就是人类这一次文明结束的时候。

当人类这个文明结

束后，就会迎来一个新的文明，就和前几次被毁灭的文明一样，迎来一个崭新的文明。当然，人类文明的结束会令更先进的文明出现，到时人类依旧会存活在地球上，而且会过得更加幸福。

水晶头骨如何拯救人类

既然玛雅人的世界末日说只是世纪的结束和开始，那么关于水晶头骨拯救世界末日的传说就显得不真实了，那么水晶头骨究竟如何拯救人类呢？据传言，当2012年12月21日来临的时候，人类生活的地球会经历一次永恒的黑暗，22日的黎明将不再到来。此时，只有将13颗水晶头骨凑齐，水晶头骨就会释放出其中的能量，让人类度过这次危难，迎来新的曙光。到时，人类也将会进入另外一个新的文明，永恒地生存在地球上。

当然，这只是一种传言，不具备一点真实性，但通过这些可以看出，有关水晶头骨的预言和玛雅预言其实不是一回事。水晶头骨预言中所说的世界末日，并非指的是2012世界末日，而是之后的一次真正地球毁灭的时刻。所以，对于水晶头骨能在2012年12月21日拯救人类的传言，只不过是人们的误解而已，何况世界上到底有没有13颗水晶头骨还不知道，所以就算世界末日来临，拯救世界的也肯定不是13颗水晶头骨，而是人类自己。其实，世界末日并不是不可能的事情，科学家证实，世界末日的来临只是时间问题。

世界末日会到来吗

科学家可以很肯定地告诉你，会！但世界末日并不代表人类的世界末日，人类很有可能会早早地移民外星球，从而躲避这场地球大灾难。这些灾难大多都是人类一手造成的，只有少数是因为自然规律，比如太阳爆炸、小行星的撞击。而最有可能让人类迅速灭亡的，却是人类一手创造的产物。

当代科学天才、世界应用数学和理论物理大师斯蒂芬·霍金前不久做过一次有关人类未来的报告。他说过这么一句话："我们会因为遭遇到像原子战争这样的灾难而毁灭自己。"不过霍金最不放心的还是生物危险。他认为，人类会有意或无意地发明出能使地球人死绝的病毒，因为现在各国遗传学实验室里所进行的实验根本无法控制和调节，其结果必然会产生一种几年内消灭一切生命的可怕场面。另外，人类第三次世界大战，也是极有可能令人类灭绝的行为，届时核武器将到处爆炸，幸存下来的人类将迎来核冬天，并且遭受巨大的辐射伤害，从而令人类走向灭亡。不知道，这些时候，水晶头骨是否能拯救人类。

破产的世界末日预言

世界末日预言并不是玛雅人首创，几乎每过一段时间，这种世界末日的预言就会出现，但最后都被证明是假的。这些末日预言大多被讲述的时候都有理有据，但等到其时间过去，却又没有任何动静，而这些所谓的预言家也不知去了哪里。

就拿玛雅的 2012 预言来说，其实早在 2011 年的时候，就有一个人曾预言 2012 年 12 月 21 号是世界末日，而且还引用了《圣经》等资料，宣称届时耶稣会重返地球，将信奉他的信徒带往天堂。这个预言者是一位基督教团体的创始人，也就是他预言了世界末日将在 2012 年 12 月 21 号，但实际上时间早已经过去了，我们的地球依旧安然无恙。

实际上，12 月 21 日世界末日预言只不过是一系列最终破产的末日预言中的一个。历史上，人们对末日预言很有兴趣，各种曾经轰动一时的预言最终都被宣告破产，所以越来越多的人不再相信所谓的世界末日了。下面就给大家介绍一些曾轰动一时，但最后破产的世界末日预言。

七星连珠的世界末日预言

太阳系中共有八大行星和一颗恒星，对于这些星体来说，排成一条直线其实并不是不可能的事情。2009年2月27日，月球和金星就同时出现在空中，2012年，还出现金星凌日的天文奇观。可就是这么简单的天文奇观，却曾经引来了不小的轰动。

2000年5月5日，天文学家预测到水星、金星、火星、木星和土星与太阳和月球将会连成一线，这件事引来了许多天文爱好者的关注。但就是这样一个天文奇观，却让一些人所惧怕，其理由是根据一个科幻作家理查德·诺纳的预言，当行星连珠时将导致整个世界会被大水所吞没。但到了那一天，其实什么也没有发生，只不过出现了千年一遇的天文奇观而已。

这种事情其实很早就有，1774年，一个牧师向当地的群众发放了一本小册子，上面写着未来的某一天，当太阳系的八大行星连成一条直线后，整个太阳系就会跟随着毁灭。这一预言令当地的百姓十分害怕，还好有一个业余的天文学家制造了一个行星仪，用来解释天体的运行，消除人们的恐慌，这才让人们逐渐平静下来。就是这样一个预言，令世界上出现了最早的机械行星仪。

最有名的世纪大预言

Tips 知识小百科

诺查丹玛斯不仅在法国十分有名，在整个欧洲也享有盛誉，《诸世纪》的各种版本，在初版发行后的25年内就遍布了整个欧洲。他本人确信自己具有某种能力，但他也有理由说明不能根据他人的需要而引发这种能力。

早在玛雅预言之前，有一个预言一直令人们深信不疑，就如同现在人们相信玛雅预言一样。这个预言称：1999年最后一天，人们即将迎来新的21世纪时，恐怖大魔王将会从天而降，带给人类无尽的灾难和痛苦，最终人类将被毁灭，黑暗将统治整个地球。这个预言是由著名的预言家诺查丹玛斯在他的《诸世纪》一书中提出的，因为这本书提出了许多预言，有些预言还被牵强附会地解释了出来，所以人们十分相信。但是，当时就有科学家辟谣说，1999年最后一天并不是21世纪来临的时候，而是20世纪的来临，显然这个叫做诺查丹玛斯的预言家连基本的历法计算都不会。

虽然有许许多多的证据显示，1999年的最后一天不是世界末日，但还是有很多人相信并且为此建造了防空洞，储备了大量粮食和饮用水，提前将一切和社会有关的事情都去掉，然后等待末日的降临。但最后，21世纪都过了这么多年了，也没有任何的事情，更没有恐怖大魔王降临。这里告诉大家，世界末日预言不可信，不要盲目相信。

第二章
Chapter 2

玛雅文明——世界第五大文明古国

说起水晶头骨，就不得不提到一个民族——玛雅民族。水晶头骨和2012年世界末日预言都出自玛雅人，人们关注这个民族所留下的谜题，却很少留意这个民族所创造的文明，不了解这是一个多么神奇的民族。了解玛雅人所创造的文明，无疑是了解水晶头骨的必经之路，只有这样才能对这颗水晶头骨有更透彻的了解。

地球上最璀璨的文明诞生

玛雅文明的出现无疑是地球上人类进化的一朵奇葩，无论是其神秘的文化，还是被人津津乐道的世界末日预言，到处都充满了这个文明的神奇之处。但是，就是如此神奇的一个文明，超越了当时其他国家的科技，却没有人知道它是如何出现的。

对于玛雅文明的出现，远远没有玛雅人出现之谜令人好奇，这个文明就仿佛从天而降一样，出现在南美洲大陆。当人们第一次领略到这个文明的精彩时，十分意外如此先进的文明是如何进化而来，又是什么时候出现在印第安文明历史之中，引领印第安文明走向历史的巅峰。

突然出现在印第安文明中的玛雅人

玛雅文明是印第安文明的一部分，而且是印第安众多文明中最出类拔萃的，创造了无数的未解之谜，并对后世产生了深远影响。古代的玛雅人分布在现在墨西哥的尤卡坦半岛和塔巴斯哥、奇阿帕斯、韦腊克鲁斯各州，以及危地马拉、洪都拉斯、伯利兹和萨尔瓦多等地。根据考古材料，玛雅文明的历史分期一般分为三个阶段，分别是前古典时期、古典时期、后古典时期。大约公元前1500年至292年是古典时期，也是玛雅文明的形成时期，就是这段时间，玛雅文明逐渐走向繁盛。进入古典时期，大约是从公元292年到900年，这段时间是玛雅文明最璀璨的时期，也是印第安文明的巅峰时期。再之后，玛雅文明就走向了没落，最后到了公元1527年，玛雅文明彻底从地球上消失了。

近百年来，随着考古资料发现的不断增多，玛雅文明越来越受到各国学者的广泛关注，同时关于它的起源和发展，以及玛雅社会性质和社会矛盾的各种学说纷纷出现。对于玛雅文明的研究热潮，推动了玛雅文化的研究，也令人们了解到一个比古埃及更神奇，比古中国更神秘的未知国度。美洲古老的居民印第安人，包括了玛雅人、印加人和阿兹特克人。由这些人创造了整个印第安文明，而玛雅人创造的文明正处于中间。

大约公元1500年，玛雅人出现在了南美洲，但考古发现，玛雅

人并不是当时美洲其他文明的人类迁移，而是一个独立的印第安文明，并且拥有自己独特文化的种族。就仿佛一群金发碧眼的外国人，生活在古代中国的都城中一样。

玛雅文明的来历

Tips 知识小百科

对于"玛雅"这个称呼，并不是因当时的玛雅人称自己为玛雅而来，而是近500年的产物。

10世纪以后，美洲的尤卡坦半岛上有三个强大的城邦，其中之一叫做玛雅潘，它曾经一度成

从1492年哥伦布登陆美洲开始的三个世纪里，西班牙在美洲大陆和加勒比海地区就不断地进行着征服和殖民，19世纪初期，西属美洲陆续爆发了独立运动，西班牙因此丢失了在美洲大陆的殖民地。于1898年结束了殖民统治。

为整个尤卡坦半岛北部的政治中心，拥有主宰尤卡坦半岛的实力。而就在12世纪至14世纪时，也正是玛雅潘的鼎盛时代之后，一群西班牙人来到了这里。当时的西班牙人，认为玛雅潘是当时一小部分玛雅人的城邦，所以便把这个城邦的威名加在整个玛雅地区头上，这才有了玛雅地区、玛雅民族、玛雅文明的说法。

所以从宽泛的意义上说，当时南美洲的大部分地区的一切文明成果都可以

叫做"玛雅文明"，但其实只有一部分才是真正玛雅文明的产物。而有时候，人们过于细致，又把本地区奥尔梅克文明和玛雅文明作了过度的区分，甚至有时只把公元3～9世纪危地马拉低地的古典期文明视作"真正的"玛雅文明，把这一地带文明的

衰落和转移称作"玛雅文明的消失"，这样的说法也是不对的。真实的玛雅文明只处在南美洲很小的一块地方，并没有想像那么大，但其文明所创造的成就和一些传说却是真实的。

玛雅人到底来自何处

当我们谈论玛雅文明的时候，最多的问题可能是玛雅世界末日预言是不是真的，而其次想知道的问题就是，他们来自何处。对于玛雅人来自何处，许多学者提出了自己的猜测，其中有些猜测不乏科幻成分。最严谨的说法，也就是玛雅文明来自今天我们所说的，中美洲所有古文化的共同源头——奥尔梅克文明，而对于如今的玛雅地区来说，其实就是玛雅文明在较早阶段的代称。这好比我们说仰韶文化、河姆渡文化一样，它们正

shì zhōng huá wén huà zài shàng gǔ de yì zhǒng míng chēng　bìng bù jù tǐ zhǐ dài shén me
是中华文化在上古的一种名称，并不具体指代什么。

ào ěr méi kè wén míng shì zuì zǎo chū xiàn zài měi zhōu de rén lèi wén míng　ér qiě gōng yuán qián
奥尔梅克文明是最早出现在美洲的人类文明，而且公元前

nián de shí hou　qí wén huà jiù yǐ jing dá dào le xiāng dāng gāo de shuǐ zhǔn　lā wén tǎ yí
1150年的时候，其文化就已经达到了相当高的水准，拉文塔遗

zhǐ　jì sì zhōng xīn de jì tán　diāo sù děng yì xiē shí wù zhèng shí　dāng shí ào ěr méi kè rén
址、祭祀中心的祭坛、雕塑等一些实物证实，当时奥尔梅克人

de shè huì jié gòu fēi cháng fù zá　hěn yǒu kě néng　dāng shí de mǎ yǎ rén shì ào ěr méi kè wén
的社会结构非常复杂。很有可能，当时的玛雅人是奥尔梅克文

míng de yí gè fēn zhī　zhī hòu qiān yí dào rú jīn de mǎ yǎ dì qū　zhú jiàn xíng chéng le zì jǐ
明的一个分支，之后迁移到如今的玛雅地区，逐渐形成了自己

de wén huà　dàn shì　zǐ xì guān chá kě yǐ zhī dao　mǎ yǎ wén míng hé ào ěr méi kè wén míng
的文化。但是，仔细观察可以知道，玛雅文明和奥尔梅克文明

zhī jiān de chā yì hěn dà　bú lùn shì wén huà hái shì zōng jiào shàng dōu yǒu yì xiē chā yì　bǐ rú ào
之间的差异很大，不论是文化还是宗教上都有一些差异。比如奥

ěr méi kè wén míng suǒ chóng bài de
尔梅克文明所崇拜的

dà shén　wǎng wǎng jù yǒu bàn rén
大神，往往具有半人

bàn měi zhōu hǔ de xíng xiàng　ér
半美洲虎的形象，而

mǎ yǎ wén míng zhōng suǒ chóng bài
玛雅文明中所崇拜

de shì shé yǔ shén　bìng qiě yōng
的是蛇羽神，并且拥

yǒu zì jǐ dú tè de lì fǎ hé
有自己独特的历法和

jì suàn fāng shì　cóng zhè xiē kàn
计算方式。从这些看

lái　mǎ yǎ rén lái zì ào ěr
来，玛雅人来自奥尔

méi kè wén míng de kě néng xìng yòu
梅克文明的可能性又

bú shì hěn dà　dāng rán　zhì jīn wèi zhǐ mǎ yǎ rén de lái lì hái shi yí gè mí　wǒ men zhǐ néng
不是很大。当然，至今为止玛雅人的来历还是一个谜，我们只能

qī dài zhe kǎo gǔ xué zhě yǒu yì tiān néng jiē kāi zhè ge mí　gěi wǒ men yí gè zhēn shí de mǎ yǎ wén
期待着考古学者有一天能揭开这个谜，给我们一个真实的玛雅文

míng
明。

美洲大陆出现的第一文明

玛雅文明无疑是美洲大陆上最出彩的文明，但并不是美洲大陆上最先出现的文明。在玛雅文明之前，美洲大陆上已经生活着一群原始土著，他们也创造了一个繁荣的文明，并且所拥有的文明文化，和玛雅文明是极其的相似。

有人认为，虽然玛雅人与美洲大陆的其他文明格格不入，但还是能在其他文明中找到玛雅文明的影子。其中，奥尔梅克文明就被不少考古学者认定是玛雅文明的前身。他们的文明有许多相似点，比如奥尔梅克文明就对雕刻头骨很有兴趣。说不定，黑吉斯发现的水晶头骨，是奥尔梅克文明制造的呢？

奥尔梅克文明大概出现在公元前1000多年前，这和玛雅文明记述中所产生的时间相同，但奥尔梅克文明的持续时间太过短暂，仅仅300年的时间就被暴力所摧毁，如今留下的只有一些破损建筑物和少数文物。

短暂而灿烂的文明

奥尔梅克文明是目前已知的最古老的美洲文明。考古发现，它主要是在公元前1200年到公元前400年的中美洲活跃，也就是现在的墨西哥地区。奥尔梅克文明的出现，应该是由亚洲迁移过去的中国人所建立，虽然这种说法并没有得到肯定，但两者的文化有许多相似之处，不得不让人相信这一点。位于墨西哥地区的圣洛伦索遗址是早期奥尔梅克文明的中心，大约只经过了300年的繁荣，就因为各种原因而被摧毁了，留下来的资料也很少。

奥尔梅克文明最终在公元前400年左右消失，其彻底消失的原因还不得而知，但他所创造的文明却深深地影响了整个美洲。比如奥尔梅克文明的许多特征，如金字塔和宫殿建造、玉器雕琢、美洲虎和羽蛇神崇拜也是后来中美洲各文明的共同元素。甚至有许多学者认为，其实玛雅文明就是奥尔梅克文明的分支，包括后来的托尔特克等文明，也都是从奥尔梅克文明分离而来的。当然，还有一些人认为，奥尔梅克文明和其他美洲文明的关系只是姐妹关系，并没有任何传承的关系。

神秘的奥尔梅克文明

奥尔梅克文明所创造的产物很多，而且其各种神秘的特性也很多，比如金字塔、雕像、奇特的文字等。这些东西和其他美洲文明产物很相似，不论是同时代的玛雅文明还是之后的美洲文明，都有相同的地方。比如巨石建造的金字塔，造型奇特的巨石雕像和小雕像，尚未破译的文字体系，各种精美的玉器，羽蛇神和美洲虎神的神灵崇拜……

奥尔梅克文明的巨石雕像很高，最高的达3米多，原料是厚重的花岗岩。这些雕刻人像都是厚嘴唇、扁平的鼻子、凝视的眼神，并且带有奇特的头盔，有些类似于中国古代的头盔，其面部特征很像非洲人。考古学者认为，这些巨大雕像的原型应该是奥尔梅克的国王。奥尔梅克文明中也发现了大量的小雕像，这一类的小雕像在华夏文明的殷商时期中十分常见。奥尔梅克文明信奉半人半美洲虎的神，其次是羽蛇神、谷神、凤鸟，而玛雅文明信奉的是羽蛇神。

奥尔梅克的不解之谜

奥尔梅克文明也创造了自己的文字，与玛雅文字有相似之处，但也有明显的差异。其构成体系，具体的语言特征还是未解之谜。其中最令人不解的是，这些文字虽然属于象形文字的一种，但是却至今无法得到破译，没有人清楚他们记载的是什么。

另外，奥尔梅克仅仅存在了300多年，却创造出这么多文化产物，这实在让人想不通，他们究竟获得了什么智慧，文明进程竟然能得到如此快的提升。

而且，中美洲各地到处都有带有奥尔梅克风格和设计标记的陶器。近来，研究人员从美洲各地搜集了700多件陶器，分析了它们的化学成分，发现这些陶器的黏土均来自墨西哥圣洛伦索，

而圣洛伦索就是奥尔梅克第一个首都所在地。这也就说明圣洛伦索当时曾做过出口贸易，把自己制造的陶器卖到中美洲各地。此外，奥尔梅克人也用这种方式，把他们的文化传播到其他地方，因为他们的文化对其他地方来说是新奇的。奥尔梅克当时没有吸收外来器物，也没有吸收外来文化，或者当时那个地区根本就没有出现物物交换现象，所以说，奥尔梅克文化当时在该地区一定比任何其他文化都先进。故我们说，奥尔梅克文化是中美洲文化的开启者。

玛雅是华夏文明的一个分支吗

中国在亚洲，而玛雅文明在南美洲，中间相隔一个太平洋，玛雅文明怎么可能来自中国呢。虽然看似不可能，但种种证据显示，玛雅文明的许多方面和华夏文明有相似之处，而且美洲人很有可能就是亚洲人的后裔，这些都说明玛雅人可能是中国人的后代。

中国作为四大文明古国之一，拥有比玛雅文明还要久的历史。是否能说早在华夏文明处于殷商时期，就有一批华夏子孙跋山涉水，历尽千辛万苦，经过很久来到了如今的南美洲大陆。到达后，逐渐和当地的土著居民相互融合，最后形成了南美洲一个新兴的种族，开创了玛雅大陆。

5000年前的跨洲迁移

如果说玛雅人真是来自于中国，那么最大的难题就是如何从亚洲前往美洲，我们看现在的地图就会发现，亚洲和美洲之间根本没有陆路相通，想要从中国到美洲只能选择坐船或者飞机。而在当时，中国还处于奴隶社会，不可能有跨洋大船或者飞行器，而当时的中国人也并不知道地球的另一边有一处称作美洲的地方。那么，说玛雅文明是华夏文明的一个分支，显然是不正确的。但经过考古学者和地质学家共同研究，普遍认为整个美洲的人类，都很有可能是亚洲人。

第四纪的一段时间里，尤其是在最后一次冰河期，也就是距今约 10 000 年前，亚洲和美洲唯一距离最近的白令海峡地区的海面，大约下降了 130～160 米，使水深只有几十米的白令海峡袒露出了一座陆桥，连接起了亚洲东北部和美洲西北部，成为亚、美两洲的天然通道。当时以猎取猛犸、鹿类为生的亚洲东北部猎人很有可能尾随这些动物穿过白令海峡大陆桥来到了美洲，成为美洲远古文明的始祖。

这座天然的陆桥一共持续了 7000 多年，才最终又变回一片

海洋。而在5000多年前，一批殷商时期的中国人，沿着这条路前往了玛雅，虽然当时白令海峡已经不能直接通过，但只需要一些小船就能轻而易举地过去。然后这批中国人一边迁移一边生活，经过了2000年左右，迁移到了南美洲，最后在这里定居了下来。

玛雅文化和华夏文化的相似之处

首先令研究者惊讶的是，玛雅语言和华夏语言有许多相似之处。比如中国的"汉"字，代表男人，比如"汉子""男子汉"等，我们读作han。而玛雅人的女婿、丈人的称呼也是han，可以看出有些相似。再比如叉子的"叉"字，玛雅人的叫法就和中国人一样，都读作cha。作为相隔一个大洋的两个文明，根本没有办法进行任何语言交流，所以也就不可能存在语言上的借鉴。那么，仅仅用巧合来说合适吗？世界上的语言极其之多，但没有哪两个相隔万里的语言是相同的，从这点可以看出来，玛雅语言和华夏语言的相同有必然联系。

再说玛雅语与汉语都使用大量的单位名词，也就是量词。而

Tips 知识小百科

华夏文明亦称中华文明，以诗书礼乐易春秋为文明源泉，是世界上最古老的文明之一，也是世界上持续时间最长的文明。华夏文明源自龙山文化、仰韶文化、陶寺文化，五千多年前汉族开始成型。

汉语的量词大多都可以在玛雅语中找到对应的词。例如：表示动物的量词在汉语里常用"口""头""匹"，玛雅语常用的则有 kot，tul，pok。表示植物的量词在汉语里常用"枝""棵""株"，玛雅语常用的则有 tsit，hek，xek（x 发 sh 音）。表示绳子的量词汉语常用"捆"，玛雅语的发音则是 kan；汉语用"束"表示成束的东西，玛雅语也有一个表示同样事物量的词 chuy，音义都像。另外，还有一些其他相似的地方，而这些相似的地方不仅含义相似，读音相似，有的甚至连文字都类似。从这些可以

看出，玛雅语和汉语的相似之处并不是一点半点的，巧合是不会有如此多相似之处的。

玛雅人与中国人生活的相似之处

玛雅人与中国人的相似之处不仅在语言方面有许多，就连风俗方面也有许多表现。比如，中国古代曾有过占卜之术，最简单的就是奇数表示不吉利，偶数表示吉利。汉武帝与匈奴作战不用李广的原因，就是因为给李广占卜的结果是奇数。而玛雅人占卜也有同样的说法，偶数吉，奇数凶。不光在占卜上的说法一样，就连对占卜人的称呼都一样。中国古代称这种人叫"日者"，玛雅人管这种人叫ah kin。Ah相当于汉语的"阿"，这个"阿"早在最古的《书经》里，商朝有名的大臣伊尹就叫阿衡。Kin在玛雅语里是太阳，是日。所以ah kin就是阿日，换成文绉绉的说法，也就是日者。如果玛雅和中国没有任何关系，这种非常特殊的相似之处是不可能有的。

除了占卜外，在平时的生活方面，也有很多相似之处。比如玛雅人和中国人都用碗吃东西，而不像欧美人用盘子。另外，玛雅人吃东西不是在桌子上，而是在席子上。中国古代人也是这样，要不然怎么管大排场的吃饭叫筵席呢。玛雅人在席子上吃饭，这同他们的居住生活是有关系的，他们睡不在床上、坐不在椅上，而是在席子上。古代中国人就有"席地而坐"的说法，并且古代中国人也并不睡在床上。再说坐，古代玛雅人分踞坐和跪坐两种方式，踞坐是两腿在前，屈膝两足着地，这和中国古代的踞坐一样。中国古代身份高的人踞坐，身份低的人跪坐。玛雅人也是这样，因为男尊女卑，所以妇女习惯于跪坐。

从这些方面不难看出，玛雅人和中国古代人多么相似，但是，要想证明玛雅人是中国人的后裔，仅仅靠这些证据还不够。当然，相信经过考古学者的努力，早晚有一天会揭开真相。

印第安文明走向繁盛

印第安人是对除因纽特人外的所有美洲原住民的总称，也就是如今美国和墨西哥地区的大片原住民。这些原住民曾经在美洲留下了相当高的古代文明，包括玉米和马铃薯等农作物的种植，以及各种神奇的历史遗迹。

měi zhōu de tǔ zhù jū mín yìn dì ān rén shì nán běi
美洲的土著居民印第安人是南、北

měi zhōu de tǔ zhù jū mín　dāng nián gē lún bù shēng chēng fā xiàn de měi zhōu xīn dà lù　jiù shì yìn
美洲的土著居民。当年哥伦布声称发现的美洲新大陆，就是印

dì ān rén de jiā　zài nà li tā men yǐ jing shēng xī　fán yǎn le jìn wàn nián　bìng qiě chuàng zào
第安人的家，在那里他们已经生息、繁衍了近万年，并且创造

le yì zhǒng dú tè de gǔ dài wén míng　shuō qǐ yìn dì ān wén míng　jiù bù dé bú shuō mǎ yǎ wén
了一种独特的古代文明。说起印第安文明，就不得不说玛雅文

míng　yīn wèi mǎ yǎ wén míng shì yìn dì ān wén míng zhōng zuì chū cǎi de yí bù fen　bìng qiě lìng yìn
明，因为玛雅文明是印第安文明中最出彩的一部分，并且令印

dì ān wén míng zǒu xiàng le fán shèng
第安文明走向了繁盛。

mǎ yǎ wén míng shì zhěng gè yìn dì ān wén míng de zhōng jiān bù fen　yě shì yìn dì ān wén
玛雅文明是整个印第安文明的中间部分，也是印第安文

míng de diān fēng shí qī　zhè yì qī jiān　mǎ yǎ rén píng jiè zì jǐ de zhì huì hé nǔ lì　chuàng
明的巅峰时期，这一期间，玛雅人凭借自己的智慧和努力，创

zào le xǔ duō lìng xiàn dài rén wèi zhī jīng yà de chéng jiù
造了许多令现代人为之惊讶的成就。

印第安大杂烩

yìn dì ān wén míng jù yǒu duō yàng xìng hé fù zá xìng　shì jì mò ōu zhōu rén dǐ dá měi
印第安文明具有多样性和复杂性。15 世纪末欧洲人抵达美

zhōu shí　měi zhōu dà lù shang jiù yǐ jing shēng huó le xǔ duō yìn dì ān rén　zhè xiē yìn dì ān rén
洲时，美洲大陆上就已经生活了许多印第安人，这些印第安人

xíng chéng gè zhǒng xiǎo de bù zú　méi yǒu yí gè tǒng yī de guó jiā huò zhě bù luò　yìn dì ān
形成各种小的部族，没有一个统一的国家或者部落。"印第安

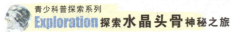
人"这个称呼也仅仅是一个统称，他们当中存在很多分支。哪怕到了现在，印第安人已经快要消失的时候，仅仅在美国这片土地上，印第安人也并不是指一个统一的共同体。如今的美国印第安土著人，共分成600多个不同的部族，讲着200多种不同的语言，其身材、外形、肤色、信仰各异，甚至文明的发展程度都参差不齐。可以看出来，印第安就如同一个一个小的远古时期的部落，并没有统一起来，而我们对这些所有生活在美洲的原住民，就统称为"印第安人"。

古代印第安文明中，玛雅文明是其中的一支，当然也是最繁盛的一个部族。据传，当时玛雅文明最繁盛的时候，人口达到了1400万，而当时整个美洲的印第安人，也就只有2000多万。当时整个印第安社会，都过着十分原始的生活，刀耕火种，处于人类发展最初的阶段。而玛雅部族当时不一样，他们早就过渡到奴隶社会，并且有严格的等级制度。

走向鼎盛的印第安文明

公元 300 ~ 900 年之间，玛雅文明走向了顶峰，并且令整个印第安文明步入了最辉煌的时期。生活在如今的危地马拉佩腾湖东北部和尤卡坦半岛南部的玛雅人，当时创造了整个美洲唯一留下的文字——玛雅文字。正是因为文字的出现，才令当时的许多记录得以保存。而且玛雅人还凭借自己的智慧，建立了相当精确的太阳历，与现在的误差不超过几秒。除了这些外，玛雅人还使用 "0" 的符号，这在数学历史上更是一大创举，要比欧洲人早出 800 年。另外，玛雅人的建筑、雕刻和绘画都有高超的成就，如今依旧矗立在美洲原始森林中的玛雅遗迹，就向人类述说了这些成就。

玛雅文明的出现和鼎盛，无疑为整个印第安文明带来了繁荣，经过考古学者的发现：当其他印第安土著还过着原始生活时，玛雅民族已经拥有了自己的农业和畜牧业，并且有了自己的阶级。最大的统治阶级，主要是部落酋长和祭司，其中祭司的权利是最大的，掌管了整个部族的重大事件。而被统治阶级就是平民和奴隶，平民是生活在玛雅城邦的普通人，而奴隶是那些被俘虏的其他部族人类，或者是一些犯罪的人。

Tips 知识小百科

如今只有美国还有印第安传统文明，而这些残存的文明也开始饱受冲击，特别是现代文明的冲击。如今的印第安土著只能勉强维持生计，将来的某一天，印第安文明一定会灭绝，这是必定的事情。

超前的天文知识

玛雅文明最辉煌，也是令现代人最惊讶的，并不是那些金字塔，也不是玛雅对世界末日的预言，而是玛雅人的天文知识，不但超过了现代人很多，而且其准确性之高也是现代人不解的地方。

玛雅人的天文知识十分出众，以至于现代人对玛雅人所创造出的文明感到不可思议，就如同在中国古代突然出现手机一样。经过考古学者的发现，玛雅人早在2000多年前就掌握了这些天文知识，并且已经制定了自己的历法，和现代的公历相比，仅仅差了0.0002天。另外让人惊讶的是，玛雅人还掌握了其他星体的知识，而且和现代人用高科技手段测量出的数据相差很少。

精准的玛雅历法

玛雅人当时没有望远镜，也不知道地球是围绕太阳转的，但他们却知道天体的精确运行周期，并和现代的计算结果极为相近。经过现代科学仪器的精确测量，一年的时间为365.2422天，而古代玛雅人没有任何现代的手段，仅凭肉眼观察和计算，却知道一年的时间为365.2420天，只比现代计算的数字少了

0.0002天。并且，玛雅人还以自己计算一年的正确时间制定的历法，一年的时间共计365天又3小时45分48秒，一年共分为19个月，其中18个月有20天，而第19个月有5天3小时45分48秒。

玛雅人就是使用如此精准的历法，进行生活和劳动的。玛雅人的历法可以使用到四亿年后，可以看出当时玛雅人的远见，也说明玛雅人历法的准确性。但是，这样精准的历法不是普通人能计算出来的，这需要渊博的数学知识，这一点玛雅人有了，可是玛雅人是如何计算其他星球的知识呢？因为古代人类还没有认识到地球是圆形的，而且认为地球是宇宙的中心，太阳和月亮以及繁星都是围绕地球转的。可就是这样的落后思想，竟然能创造出如此的成就，不得不让人惊讶。

惊人的天文知识

除了计算出地球围绕太阳转一周的时间外，玛雅人还对其他星体做了测量，其准确程度依旧令现代人惊讶。玛雅人对月球也进行了计算，算出月亮绕地球一周的时间为29.530588天，而现代科技的测量值为29.528395天。还对金星的会合周期进行了精准计算，达到每六千年只差一天的程度。而人类对金星的周期进行计算仅仅是几百年前的事情，而且没有达到玛雅人的精准程度。

除了太阳系的天体外，玛雅人甚至还观测到太阳系外的星团。玛雅人观测到在每年的3月15日，昂宿星团会第一次在天空中升起，而每隔72年，升起的时间就会提早一天；再过72年，又会提早一天，经过约26 000年后，昂宿星团又会在3月15日升起。经现代仪器计算确切的时间为26 280年。

另外，玛雅人凭借长期观察，目睹了12月冬至时，地球和太阳及银河中心在慢慢靠近，并排成一直线。这种现象大约26 000年发生一次，所以每经过两万六千年，地球的文明就会进入新的循环，这也是2012年人类灭亡说的来源之一。

第三章

玛雅之谜——揭秘世界最大未解之谜

玛雅文明创造了雄伟的城市，建立了完整的农业系统，并且拥有整个美洲最强大的军队，可就是这些别人梦想的东西，却被玛雅人轻易地放弃了。玛雅人突然消失，就如同他们突然出现一样，留给我们的是无尽的谜题。究竟玛雅人留给我们哪些谜题？这些谜题是否又预示着2012世界末日和水晶头骨的秘密呢？

现存的玛雅遗族

玛雅灿烂的文明早已被尘封在历史中，而遗留下的玛雅人更是销声匿迹。如今地球上只有少数的玛雅遗族还生活在墨西哥等地，而且种族都是以小型部落的形式存在，早已失去了往日的光辉。

如今的玛雅人大多数生活在墨西哥的尤卡坦州、坎佩切、金塔纳罗奥州、塔巴斯科、恰帕斯，和中美洲国家伯利兹、危地马拉、洪都拉斯的西部和萨尔瓦多等地。他们在那里过着原始生活，没有现代化的痕迹。平时，他们主要从事农业，种植玉米、蚕豆、南瓜、可可、甘薯、辣椒、烟草、棉花等。

玛雅人的土地不是私有的，而是属于整个部落，部落酋长会分给每个家庭使用，每3年重新分配一次土地。他们聚居于中心村周围的各个社区中。中心村有公共建筑和住屋，多数情况下，这些房屋大部分空着，有时也长期住人，并且提供给旅客居住。社区居民除节日和集市外，都住在各自的农舍中。

因为现代文明的影响，只有玛雅的妇女们还保留传统服饰，而男性都穿着一些现代化服饰，但节日的时候会换上最原始的服装。他们使用锄头耕地，遇到硬土时则改用铲子。有些地方的玛雅人会饲养猪和鸡，偶尔也养牛以为农耕之用。工业极少，手工艺品通常只供家庭之需。部分经济作物或当地特产经常销售到外地以换取现金购买本地没有的物品。

消失的宗教

经过了西班牙人的统治后，玛雅人的宗教已经完全丧失，渐渐形成了以基督教为主的玛雅宗教。如今的玛雅人都是名义上信仰天主教，但他们的教义中一般都带有当地宗教的色彩，特别是其宇宙论依旧是典型的古玛雅形态。另外，现在的玛雅人经常将基督教中的神圣人物与玛雅神子混为一谈，比如上帝是羽蛇神的化身等。大众的宗教基本上是信仰基督的，而且会进行弥撒和庆祝各个圣徒纪念日。曾经繁荣一时的宗教文明，就此全部消失，只能从历史遗迹中挖掘出一些。所以，一个文明是和其宗教一起走向毁灭的，而且这种毁灭是彻底的。

没有流传下来的文字和语言

自从玛雅人大批神秘消失后，玛雅的文字和语言就已经很少得到保留了，再加上西班牙人的入侵，这些文字和语言就保留得更少了。如今，没有哪个玛雅人能读懂古代玛雅的象形文字，只有极个别的老人还能认识一些字。而语言则分化成了各种各样的方言，如今已经没有了统一的玛雅语。经过考证，就算现在流传的玛雅方言中，也没有曾经纯正的玛雅语。

一个令现代人惊讶的伟大文明，结果却落得如此下场，正如玛雅人预言的一样，玛雅种族将失去所有，没有任何东西能流传下来，留给后人的只是无限的谜题。看来玛雅人的预言确实是真的，最起码对自己的预言成真了。

现存的玛雅人分支

现代玛雅民族根据语言和地理可分为以下各支：尤卡坦玛雅人，居住于墨西哥的尤卡坦半岛，并且延伸到伯利兹北部和危地马拉东北部；人数非常少的拉坎敦人，占有位于乌苏马辛塔河和危地马拉边界的一块南墨西哥领地，有一小部分则居住在危地马拉和伯利兹。

居住在危地马拉东部和中部高地的基切诸民族，包括凯克奇人、皮科莫希人、波科曼人、乌斯潘特克人、基切人、卡克奇克尔人、楚图希尔人、萨卡普尔特克人和西帕卡帕人；居住在危地马拉西部高地的马姆诸民族，包括马姆人、特科人、阿瓜卡特克人和伊西尔人；居住在危地马拉韦韦特南戈省及其毗邻墨西哥地区的坎霍瓦尔诸民族，包括莫托辛特莱克人、图赞特克人、哈卡尔特克人、阿卡特克人、托霍拉瓦尔人和丘赫人。

居住在墨西哥南部恰帕斯州的佐齐尔人和策尔塔尔人；乔尔诸民族，包括在恰帕斯州北部和塔瓦斯科州操琼塔尔语和乔尔语的人，以及住在危地马拉东端、语言与前两种语言相近的乔尔蒂人；居住在墨西哥中东部韦拉克鲁斯州北部及其邻近的圣路易波托西州的瓦斯特克人。

是谁创造了玛雅文明

如此辉煌，如此先进的玛雅文明，究竟是谁创造的呢？难道真的是生活在原始时代的玛雅人吗？那些精密的计算以及玛雅人根本用不上的数字，究竟是为了什么而创造出来的，这些问题无不隐藏着一个秘密，一个关于玛雅人来源的谜。

玛雅人究竟来源哪里呢？这和玛雅人消失去了哪里一样令人不解，因为美洲大陆上玛雅人的出现是突然的，而且很迅速的就扩展成了美洲第一大种族。据传言，人口最多的时候，玛雅人有1600万，这些人口就连当时的封建主义国家都没有，而玛雅人以最原始的奴隶制早期的形态，竟然能扩展到如此地步，不得不令人惊讶玛雅人的扩张速度。

玛雅人的扩张

古代玛雅人居住在中美洲地区，即今墨西哥的尤卡坦半岛和危地马拉、洪都拉斯境内。在诸多的印第安部落中，尤以玛雅人的社会发展水平最高，堪称世界古老文明部落之一，美洲文明就是由玛雅文明而昌盛的。据考古资料表明，公元前2000年左右，尤卡坦半岛已经有了人类居住的遗迹。他们以渔猎和采集作为谋生手段，来创造和发展自己的历史。公元前1000年左右，他们开始定居。这时，以种植玉蜀黍为主要作物的生产发展起来了。然而这种文化是否为玛雅人所创造，至今仍无定论。

公元初，玛雅人在尤卡坦半岛南部建立了城市，此后的七八百年间，总共建立了100多个城市，在城市的广场上他们进行日用品和食品的交换。这时，玛雅人已经进入了阶级社会。公元10世纪以后，一支托尔提克人从墨西哥入侵玛雅地区，在尤卡坦半岛上建立起一些新的城邦。自此，玛雅文化便出现了第

二次的繁荣兴盛。玛雅人在美洲创造的文化，其全盛时期当在4~10世纪。此后玛雅文化遭到了明显的践踏和摧残，只有尤卡坦半岛北部还得以保存和持续发展，直到15世纪欧洲殖民者入侵这一地区，玛雅文化的独立发展才被打断。

不符合玛雅文明的成就

令人更加迷惑不解的是，在洪都拉斯一座神庙的壁画中，人们发现画面中有玛雅人乘坐一种类似今天火箭的飞行工具邀游太空的形象。人们相信，艺术的夸张总是建立在一定的物质基础上的。那么，我们是不是就可以据此断定，玛雅人已早于我们几千年提前进入了太空时代呢？如前所述，玛雅人具有超时代的天文科学知识，他们创造的太阳历比格列高利历更准确，更贴近回归年长度。从现有的文字手稿中，人们还知道有玛雅人预测数十万年间日食、月食的表格和标明流星陨石坠落的时间表。

这些事实表明，玛雅人的智慧，已超越了人类文明发展的特定历史时代。据此，有的学者提出，是外星人创造了玛雅文化，玛雅人的祖先原本就是从外星球来到地球的外星人。只不过这些外星人并没有回到自己的故乡，而是选择在地球上生活，而且他们也没有破坏地球上的生态，一直这样的繁衍。而到了后来，玛雅人早就忘记了自己是外星人，留下的只是这些令人不解的成就。

Tips 知识小百科

一位游客在墨西哥奇琴伊察玛雅古城遗址参观时，偶然间拍摄到玛雅金字塔神庙顶端出现神秘的轴状光束，这个光束仿佛从天而降，一直延伸到金字塔的顶部。有人猜测这是2012世界末日的警示信号。

来自亚洲的玛雅人

由于美洲没有发现远古人类生活的遗迹，那么美洲人种究竟来自何方的问题，多少年来，学者们一直众说纷纭。近年来，考古学者们一致认为，印第安人是从亚洲东北部移居美洲的，属于蒙古人种的一支。也有人认为，有一部分印第安人属澳大利亚美拉尼亚人种，是与蒙古人种同时或更早移入美洲的澳洲人。但澳洲毕竟离美洲太远，而且中间还有大洋阻隔，并没有蒙古人来美洲那么简单。

据测定，玛雅人的祖先移居美洲的时间约在四五万年以前。其迁移动机或者由于追踪野兽、或者因为气候突变，主要是为了生存，他们才选择从亚洲出发，向着太阳升起的方向前进，越过白令海峡抵达美洲大陆。如今的白令海峡被大海阻断，但在最近一次冰河时期，当时的白令海峡比今天约低100米，后来海面升高，地峡变成海峡，迁移的人便踏着海峡的坚冰，或是沿海边航行进入美洲。不过，这种移民是一个非常漫长的历史渐进过程，绝不是一次两次的挺进行动所能完成的。上述的种种观点，孰对孰错，还有待于学者们的进一步研究。

突然消失的玛雅人去了哪里

玛雅文明就这样的突然消失，没有留下任何的证据，只有残垣断壁还在雨林深处沉睡，等待玛雅人再次回归的一天。但是，现代人并没有等待，而是积极寻找玛雅人的消失之谜，希望能探寻到这个神秘文明的前因后果。

玛雅人就这样悄悄地来，又悄悄地走，甚至连一片云彩都没有留下。对于玛雅人为何突然从热带雨林的丛林深处消失，是考古学者的一大心结。公元600年，整个玛雅民族突然离开了辛苦建筑的城池，舍弃了庄严巍峨的金字塔、整齐排列雕像的广场、富丽堂皇的庙宇和宽阔的运动场，以及没有建造完成的建筑物，荒废了大片的农田。

玛雅人当时建立了美洲最繁荣的文明，其中拥有数不尽的财宝，而玛雅人对这些财宝似乎也不看重，许多财宝都被留了下来，根本没有带走。也就是说玛雅人不但放弃了自己辛辛苦苦一手创造的城市，还放弃了大量的财宝和故乡。这于情于理都说不过去。也正因为这样，人们对玛雅人突然消失的问题感到特别的好奇，也提出了许多猜测，但这些猜测至今没有得到证实。

玛雅文明的消失

公元8世纪以后，仅仅200年的时间，曾经拥有1600万人口的玛雅民族，竟然一下消失了80%，而留下的那些玛雅人，却再也没有任何文明进步的迹象，并开始走向衰退，就如同他们传说中的那样：当预言中的末日临近，所有先知都失去了智慧，人们没有任何信仰，只会"依依呀呀"的呻吟。玛雅人已经被众神所抛弃了。等到哥伦布发现美洲新大陆的时候，玛雅文明的末日也就来临了，持有枪械的西班牙人攻陷了所有玛雅城邦，并且将疾病和死亡带给了这些生活在美洲大陆的古老民族。玛雅人差点被灭绝，没有死亡的玛雅人，也仅仅只有几千人存活，而且还形成一个个小小的部落，苟延残喘地生活在美洲大陆上。

人们不禁问，当时，究竟发生了什么重大变故，竟然让玛雅人逃离，并且放弃了经过几千年建立的城市？为何玛雅人会失去智慧，文明之路又是如何倒退的呢？

自然灾害说

有一部分学者认为，玛雅人遭受如此大的打击是因为自然灾害的原因，因为玛雅人的耕作方式，导致了环境恶化，最后整个民族陷入缺粮的危机。玛雅人的耕作方式是毁林造田，所以水土流失严重，渐渐地土地沙漠化，最终成为了荒地。而玛雅人的人口又多，耕地已经不能满足玛雅人的需求，于是玛雅人就大规模迁徙，最后消失在其他大陆。

但是经过考古发现，证实当时玛雅人的农业耕作方式没有问题，而且是一种循环式的利用，并且玛雅人还建造了灌溉工程，所以不会出现这些学者所说的粮食危机。然后，这些学者又说玛雅文明是受到战争的摧残，被其他民族入侵，内部还发生了暴乱，最后整个文明消失了。但这样的说法也站不住脚，考古发现玛雅人走的

Tips 知识小百科

太阳周期说。美国地质学家戴维发现，玛雅地区发生的旱灾有着明显的周期性，大旱灾每隔208年就发生一次。这位学者因此提出一个新的见解：玛雅文明的消失与太阳的周期性活动增强有关。

时候十分有秩序，根本没有任何混乱的迹象。而且当时玛雅文明是最繁盛的时候，就算当时中国想要在200年摧毁的如此彻底也是不可能的事，更何况其他民族呢？

自己消失说

我们知道玛雅文明的天文知识十分先进，而且能预言一些天文上的现象，或者预言一些危机的到来。其中，玛雅人就曾预言了自己的末日，而且对自己的末日深信不疑。玛雅人对于文明的看法是，每一个文明都有周期循环的时候，玛雅文明也是一样，一共会经历5000多年的时间，而公元600年的时候，是玛雅人将要临近5000多年一循环的时候，所以玛雅人担心自己的文明会在那时灭亡，于是选择了主动离开。

玛雅人不知去了哪里，他们放弃了曾经的一切，带上老人和孩子，还有许许多多的生活资源，前往了一个不为人知的地方。当时玛雅民族有很多部落，这些部落都遵守这样的协议，共同前往一个新的地方。而留下来的玛雅人，则被认为是被神灵抛弃，或者不是纯种玛雅人。就是这样，玛雅人为了躲避自己预言的大灾难时期，选择了提前结束自己的文明，这样就能保证自己继续生存下来，不至于被灭绝。事实上，玛雅人真的成功预言了自己的灭亡，当预言的时间来临时，玛雅的文明已经所剩无几了。

为何玛雅人也建金字塔

提起金字塔，首先想到的就是埃及金字塔，很少有人知道，玛雅人的金字塔比起埃及金字塔也毫不逊色。但奇怪的是，为何玛雅人也要建造金字塔？而且水晶头骨就是藏在金字塔中？金字塔到底有什么样的能量，吸引那么多的国家争相建造。

金字塔就是一座形状如"金"字形的建筑物，一共有四个面，每个面都是一个三角型。最有名的金字塔是埃及的胡夫金字塔，高146.5米，因年久风化，顶端剥落10米，现高136.5米。塔身是用230万块石料堆砌而成，大小不等的石料重达1.5吨至160吨，塔的总重量约为684万吨，它的规模是埃及迄今发现的108座金字塔中最大的。

埃及金字塔的主要作用是当作每一个埃及法老的陵寝，而玛雅人建造的金字塔则不是，而是用于宗教仪式，是整个玛雅地区最神圣、最宏大的建筑物，玛雅人的大祭司就生活在这里。对于这样的金字塔，人们最好奇的是，为何玛雅人也会建造这种形状的建筑物，金字塔的三角形状到底代表了什么呢？

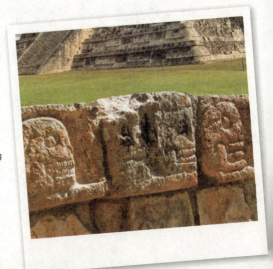

为何是金字塔形状

首先，我们先了解下三角形，这样我们能更了解金字塔的神奇之处。我们知道，金字塔是由四个三角形组合而成，四个三角形的顶点是相同的。古代埃及人崇拜太阳神，他们认为世界的出现是因为太阳升起的原因，太阳升起了之后，它的光线照射在大地上，古代埃及人希望能将这些光芒收集起来，以提升自己的能量。一个尖顶的上面才能够凝聚住太阳的阳光。这就是为什么把金字塔建成这种形状，而不建成别的形状的原因。

当然，按照现代建筑学的理论来说，金字塔的形状其实更加稳定，不论多大的地震，都能保持自身不会坍塌。现代建筑不用金字塔形是因为金字塔形不能合理利用面积，而且不可以继续累加和扩建。所以，金字塔形状的建筑物，对法老来说是再好不过的，因为法老希望能死亡后再复活。

独具匠心的玛雅金字塔

我们看完埃及人为什么建造金字塔后，再来看看玛雅人建造的金字塔。奇琴伊察的中心建筑物就是一座巨大的金字塔，称作库库尔坎金字塔，也就是玛雅人心目中最高的神——羽蛇神的金字塔。这座金字塔并不是陵寝，而是玛雅人祭祀的地方，每逢有重大节日的时候，玛雅大祭司就会站在金字塔顶端，向玛雅人民宣布神的旨意。

据考古学者发现，这座金字塔在设计上独具匠心，一切数据都具有天文学上的意义。金字塔的底座呈正方形，它的阶梯朝着正北、正南、正东和正西，四周各有91层台阶，台阶和阶梯平台的数目分别代表了一年的天数和月数。52块有雕刻图案的石板，象征了玛雅日历中52年为一轮回年，这些定位显然是经过精心考虑的。

另外，在库库尔坎金字塔的东面还有一座宏伟的四层金字塔，被称为勇士庙，庙的前面和南面是一大片方形或圆形的石柱，名为"千柱群"。这些石柱过去曾支撑着巨大的宫殿。它的入口处是一座用巨大石头雕成的仰卧人形石像，古玛雅人称它"恰克莫尔"神像，它的后面是两个张着大嘴的羽蛇神。环绕着这片中心区方圆几千米内，还有很多奇琴伊察旧城的石砌建筑，都是同一时代的遗址。

Tips 知识小百科

一些科学家说，实验的结果表明，把肉食、蔬菜、牛奶等放在金字塔模型内，可保持长期新鲜不腐。现在法国、意大利等国的一些乳制品公司已把其运用于生产实践之中，采用金字塔形的塑料袋盛鲜牛奶。

金字塔的神奇能力

对于地球古代文明对金字塔的热衷，有科学家提出，可能金字塔形状的建筑物能够储存能量，这就是金字塔神奇的地方。有科学家们研究表明，其形状使它贮存着一种奇异的"能"，能使尸体迅速脱水，加速"木乃伊化"，等待有朝一日的复活。假如把一枚锈迹斑斑的金属币放进，不久，就会变得金光灿灿；假如把一杯鲜奶放进金字塔，24小时后取出，仍然鲜美清新；如果你头痛、牙痛，到金字塔去吧，一小时后，就会消肿止痛，如释重负；如果你神经衰弱，疲惫不堪，到金字塔里去吧，几分钟或几小时后，你就会精神焕发，气力倍增。

可以看出来，金字塔这种结构的建筑物似乎有某种能力，可以改变一些物质的能量，或者说提供一些物质能量。

一些人还建立了金字塔的宗教，利用金字塔进行各种疾病的治疗，但其结果并不是很理想。所以，这些所谓的神奇，并不一定就适合人体，而且这些神奇也没有得到考证，否则人们就不用花费大量的金钱解决铁器上锈的问题了，只要建立个金字塔形的仓库就好了。所以，这些神奇能力大多是传说，不可以当真的。

玛雅文字起源于何处

玛雅人是印第安众多文明之中唯一创造出文字的民族，其创造的文字虽然现在很少有人能读懂了，但玛雅文字之谜却流传了下来。为何印第安文明出现那么久都没有出现正式的文字？而玛雅人却凭借自己的智慧创造了全套的文字呢？

玛雅文字是象形文字的一种，而且是世界上最早的五种文字之一，另外四种有一种就是中国的象形文字。玛雅文字出现的时间很早，大约公元元年左右就出现了，但当时并没有流传开来，主要是集中在以贝登和提卡尔为中心的小范围地区内。直到公元五世纪左右，玛雅文字才得以普及，随着商业交易的路线，玛雅文字成为整个玛雅地区的标准文字。

玛雅文字的结构

玛雅文字非常奇妙，不但有象形字，也有会意字，还有形声字，这种文字的出现代表玛雅人无与伦比的智慧。玛雅人并没有发明纸，也没有像中国古人一样在骨头上雕刻文字，而是在石头上雕刻文字，所以玛雅人的所有历史，都记载在石头上。说起玛雅文字，有一个特殊的地方，就是其结构和中国的象形文字十分相像，只不过玛雅文字的组合要比汉字的组合还要复杂。现在，许多考古学家认为，玛雅人其实就是中国古人的一支分支，很久以前来到了美洲大陆，并且用一些中国古文字创造了玛雅文字。

玛雅文字中的一个字符分成两个部分，大的部分叫做主字，小的部分叫做接字，字体有"几何体"和"头字体"两种。另外还有将人、动物、神的图案相结合组成的"全身体"。这种文字主要用于历法记载上。玛雅文字的读法也比较特别，是从上至下，两行一组，以"左→右→（下一段）左→右"的顺序读。玛雅文字比较晦涩难懂，目前也只是破解了三分之二，还有三分之一的字没有被破解，这对我们了解玛雅文明有一定的阻碍。

对玛雅文字的研究

研究玛雅文字持续了很长时间，因为曾经懂得玛雅文字的人早已经死去，这些人都是被西班牙殖民者所杀害。直到20世纪中期的时候，研究人员才对玛雅民族有了一个大概的了解：玛雅民族是一个集数学家、天文学家和宗教祭祀为一身，并带有哲理

性的民族，他们对于计算时间的

流逝和观察星相特别地感兴趣。

众多研究玛雅文化的考古学者相

信，想要破译那些雕刻在石板上

的玛雅文字，就一定要了解玛雅

的历法、天文和宗教，否则不可

能会理解玛雅文字的精髓。

到了20世纪后期的时候，俄国学者余里·罗索夫发明了一

种全新的方法用来研究玛雅文字，这件事情让破译玛雅文字

成为一个简单的过程，也让玛雅文字的破译有了比较快速的进

展。其实他的方法很简单，他指出玛雅文字和埃及文字、中国甲

骨文一样，都是象形文字和声音的联合体，换句话来讲，玛雅

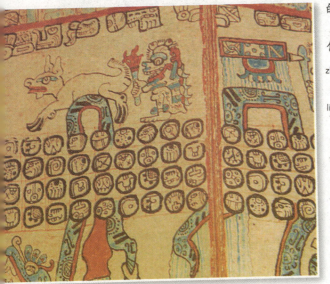

的象形文字既代表一个整

体概念，又有它自己的发音。

正是这样的方法，让人们

了解了玛雅文字的意思，从

而破解了许多玛雅之谜。玛

雅预言也是因为玛雅文字破

解才得出的，所以中国文

字起到了很大的作用。

玛雅文字是中国文字吗

经过调查发现，其实玛雅文字有许多地方和中国的甲骨文有相似之外，有些人认为，可能玛雅人就是学习的中国文字再创造了自己的文字，就和日本和韩国一样。

下面就列举一些相似之处。第一，玛雅文字和中国汉字都有开音节和闭音节。我们把一个字的结尾的音是声母的话就称作闭音节的字，如果结尾的音是韵母的话，则把这个字称为开音节的字。现代汉语中，只有结尾是 n 和 ng 是声母外，大部分汉字结尾是韵母，也就是属于开音节的字。

而在玛雅文字中，也是一样的，结尾的音为生母，而且发音还很类似。第二，汉字和玛雅文字都有单音节和多音节的字。汉字基本上是一个字对应一个音，也有不少是多音字。而在玛雅文字中，也常常有多音节和单音节的字。比如他们在描述一些东西的时候，会用连贯的文字组合表示，这和中国文字很类似。

当然，玛雅文字毕竟和中国文字不相同，所以还是有许多区别的，这些区别也造就了玛雅独特的文明。

天狼星与玛雅人

天狼星是一个离地球较远的星座，但就是这个遥远的星球，却在地球上流传甚广，特别是古代的一些文明之中，流传了关于它的许多传说。玛雅人的历史上也有天狼星的传说，而且这个传说说不定可以解释玛雅人的种种神秘之处。

天狼星是天空中最亮的一颗星，等级为一星等，它属于大犬座，在中国属于二十八星宿的井宿星。每当冬季的时候，人们就能很清楚地看到天狼星，以为它是天空中最亮的恒星。对于北半球的人来说，冬季的时候天狼星、南河三和参宿四就会组成了冬季大三角的三个顶点，其中最亮的就是天狼星。

1844年，德国天文学家贝塞尔根据天狼星的移动路径出现的波浪图形推断，其实天狼星是一颗双星，也就是说天狼星还有一颗伴星，就如同地球有一个月球一样。古希腊人相信，天狼星的出现会带来植物枯干、男人软弱和女人烦躁以及干热的夏天。因为天狼星十分明亮，初夏的时候会因为不稳定的天气闪烁的很厉害，所以还被人们误认为是一颗灾星。

玛雅人接受天狼星人的知识

玛雅的金字塔有一个特别之处，就是天狼星的光线会进入金字塔的顶层，照射到金字塔的中心，有人认为，这很有可能是玛雅人为接受来自天狼星能量而设计。关于天狼星的传说，玛雅的一些遗迹中也有记载，有些研究人员甚至认为："在遥远的古代，可能有一群来自天狼星的外星生命来到了美洲热带丛林，并且教给了尚处在原始社会的玛雅人各种先进知识，然后留下一些信息后，就回到自己的星球上去了。"

这些天狼星人被认为是玛雅人的天神，而玛雅文化中那些不可思议的高深知识，就是出于天狼星人的传授。天狼星人离去时，曾经对玛雅人说将来会回来的。但到了那一天，天狼星人却没有再回来，于是玛雅人对自己所崇拜的神丧失了自信，最后就离开了故乡，玛雅文化也就随之消失了。或者天狼星人回来了，而且开着巨型的宇宙飞船，接走了许多玛雅人，带他们去天狼星生活了。

非洲土著的天文知识

非洲是一个生活了众多民族的国家，而且很多地方保留了原始的生活形态。就在这些刀耕火种的原始村落里面，竟然存在着一些格格不入的天文知识，要知道，就连现代人都是最近才知道这些信息的。本世纪二十年代，法国人类学家格里奥和狄德伦来到西非，在当地土著多贡人中居住了十年之久。长时期的交往，使他们得到了多贡人的信任，并且从最高祭司那里得到了一个惊人消息。

多贡人口头流传了四百年的宗教教义中，蕴藏着一颗遥远

星星的丰富知识。那颗星用肉眼是看不见的，即使用望远镜也

难以看到。这就是天狼伴星。多贡人把天狼伴星叫做"朴托鲁"，"朴"指细小的种子，"托鲁"指星。他们还说这是一颗"最重的星"，而且是白色的。而事实上，经过现代科技的观测，这颗天狼伴星和他们描述的一模一样。但是，人类知道这些信息是借助了先进的仪器，而且经过大量的探测才知道的。而多贡人并不用自己观察，据高级祭司说，这些知识是天狼星人告诉他们的，当时他们乘坐会飞的圆盘降落，之后将知识告诉他们后就离开了。难道说，真的有外星人，而且来到过地球上，并且传授给多贡人天文知识吗？

第四章

世界末日——是预言还是世人误解

不论是末日理论还是水晶头骨的传说，貌似都预示人类文明将迎来一次大的浩劫。其实，在地球的几十亿年历史中，发生过太多次所谓的世界末日，比如恐龙的灭绝、亚特兰蒂斯的毁灭等。人类貌似也逃脱不了这样的命运，可能未来的某一天，我们也会面临恐龙一样的末日，或者迎来一次新的文明。

文明毁灭之谜

历史上有太多文明因为各种原因而毁灭，还有许多生物也随之灭绝。比如曾经在地球上称霸的恐龙，就因为陨石撞击地球而毁灭了。文明也是一样，当一个文明遭受到不可抗拒的因素时，也会随之灭绝，而留下的仅仅是些古董文物，作为曾经存在的证明。

战争是毁灭一个文明最好的办法，

历史上有许多文明都是因为战争而毁灭。比如古印度文明，因为雅利安人的入侵而被毁灭，如今的印度早已经没有了四大文明古国的辉煌。美洲的印第安文明，因为欧洲人的入侵，结果令印第安人接近绝种的危险，如今剩下的只是一些老人，恐怕不久的将来，印第安文明只能出现在书上了。

除了这些因战争而毁灭的文明以外，还有一些文明是因为自然灾害而消失。但是，有一些古代文明，因为时间太过久远，也只记载在一些古老的书籍当中，而现实中却没有发现任何的证据。

因为核战而毁灭的文明

古印度是世界四大文明古国之一，而且其历史要比中国还要早一些。古印度保存下了很多古代书籍，其中有这样的一个记载。内容是居住在印度恒河上游的科拉瓦人、潘达瓦人、弗里希尼人和安哈卡人两次激烈的战争。书中记载的是一次战争，但内容却像是核战的场面。书中记载道："英勇的阿特瓦坦，稳坐在维马纳（类似飞机的飞行器）内降落在水中，发射了'阿格尼亚'，一种类似飞弹的武器，能在敌方上空产生并放射出密集的光焰之箭，如同一阵暴雨，包围了敌人，威力无穷。刹那间，一个浓厚的阴影迅速在潘达瓦上空形成，上空黑了下来，黑暗中所有的罗盘都失去作用，接着开始刮起猛烈的狂风，呼啸而起，带起灰尘，鸟儿发疯地叫……似乎天崩地裂。太阳似乎在空中摇曳，这种武器发出可怕的灼热，使地动山摇，在广大地域内，动物被高温烧死，河水沸腾，鱼虾等全部烫死。火箭爆发声如雷鸣，把敌兵烧得如焚焦的树干。"

古代的核战争

对于上述描写的画面，现代人一定不会陌生，因为这就是核战的场面。古印度书籍中记载的这些种族，早已经消失的无影无踪，但一些人还是在书籍中发现了相同的描述。上面是这样描述的："古尔卡乘着快速的维马纳，向敌方的三个城市发射了一枚飞弹。这个飞弹有摧毁整个宇宙的力量，其亮度和一万个太阳相同，烟火柱滚升入天空，壮观无比。那些死去的人，尸体已经被烧得无可辨认，

Tips 知识小百科

中原两大部族"夏族人"和"华族人"先后称霸，黄帝时代又被大禹之子启取代，建立大夏帝国。自此中原人始称"华夏民族"，简称华人。

毛发和指甲脱落了，陶瓷器爆裂，就连飞翔的鸟类都被高温灼焦。为了逃脱死亡，受到污染的战士们纷纷跳入河流清洗自己和武器。"

如此高的温度，在现代也只有用原子弹的爆炸才能制造。考古学者去书中记载的地方探查，在附近的原始森林中发现残留的废墟城墙被晶化，如同玻璃一般，建筑物内的石制家具表层也被玻璃化了。这样的温度，可不是普通燃烧能达到的温度。除了在印度外，考古学者在古巴比伦、撒哈拉沙漠、蒙古的戈壁上都发现了史前核战的废墟，而且发现了核爆后残留的"玻璃石"，与现代核试验场上的"玻璃石"一模一样。这些发现证实，可能曾经存在过高科技文明，他们因为战争会发动了核武器，最后令两个文明都灭亡了。

史前大洪水

对于史前大洪水的传说，很多人都不陌生。最有名的就是《圣经》中关于大洪水的记载。上帝认为地球上的人类极度邪恶，决定让洪水消灭这些由他创造的人类。当时人类社会中，还有一个人不是邪恶的，他就是诺亚，而且他的后代也很善良，上帝决定拯救他们。于是，上帝跟诺亚说了要毁灭人类的事情，并且让他建造一艘大船，让他和他的家人进入方舟，等洪水过去后再重新生活。之后，洪水来临所有的人，除了诺亚一家以及船上所带的飞禽走兽以外，全部被大洪水所淹没。

除了这个诺亚方舟的故事以外，很多古代文明都有关于大洪水的传说，中国自古就流传一些传说，称曾经有一场巨大的洪水淹没了所有陆地，许许多多的人都死去，只剩下一小部分人。通过这些传说，有些考古学者猜测，地球上曾经发生过一场史无前例的大洪水，蔓延到了整个世界。这场大洪水不但摧毁了许多发达的文明，也差点让人类灭绝。

恐龙的大灭绝

说起世界末日，虽然人类至今为止没有经历过，但历史上有许多生物都曾经历过。考古发现，从生物出现至今，一共最少出现过九次生物灭绝，其中有两次直接导致地球上的生物重新出现。

说起生物灭绝，我们最了解的就是恐龙灭绝，曾经称霸地球上亿年的生物，短短的时间里就遭到毁灭性的灭绝。考古研究显示，正因为恐龙的灭绝，才出现了各种哺乳动物。其中就包括人类，也就是说，如果恐龙不灭绝的话，我们人类也就不会出现了。

所以，一些科学家得出一个结论，其实生物灭绝是有益生物进化的，正如恐龙灭绝之后，才会出现拥有智慧的人类，同样的，人类想要继续前进，也需要一次所谓的"灭绝"。而这个"灭绝"就被认为是玛雅人的末日预言，灭绝并不是终结，而是进化到更高的层次上。当然，这样的说法并没有任何依据，只是一种妄加猜测而已。

巨无霸的恐龙时代

恐龙给我们的印象就是庞大的巨兽，没有任何动物能和他们相比，目前为止发现最大的恐龙可不是霸王龙，而是一种叫做震龙的恐龙。震龙是目前发现的最大恐龙，它的身长有39～52米，身高可以达到18米，体重有130吨。震龙生活在1亿6200万年到1亿3600万年前的侏罗纪时期，这个时期里面，震龙绝对是一大霸主，虽然它是吃素的。

可以看出来，恐龙在当时绝对是地球的霸主，它们大约生活在距今2亿3500万年至6500万年前，并能够用后肢支撑起身体直立行走的一类爬行动物。如今大部分的恐龙早已灭绝，只有恐龙的后代鸟类还存活在地球上。恐龙大约出现在2亿4000万年前的白叠纪时期，灭绝是在约6500万年前的白垩纪的中生代末白垩纪生物大灭绝事件里，这次灭绝的不仅仅是恐龙，还有一些其他生物，只不过恐龙是当时灭绝最多的动物。

恐龙的化石其实很早以前就被发现，只不过当时没有人知道这种巨型的骨骼化石是什么动物的，就误传为怪兽的。并且编造了许多传说。1822年3月的一天，由英国的一对化石收集爱好者发现了禽龙的化石，至此揭开了恐龙的神秘面纱。

恐龙灭绝之谜

对于恐龙的灭绝，一直是考古历史的一大难题，因为没有任何证据能证明恐龙因为什么而灭绝。目前流行的说法是恐龙因为陨石撞击地球而灭绝，可能这样的说法能解释为什么恐龙能在一定的时间内很快灭绝，但绝对不是最后的答案。首先要知道为什么科学家提出一个陨石撞击说，这要先说说墨西哥的一个陨石坑。陨石坑我们大家都知道，是陨石撞击地球后形成的，而墨西哥就有一个很大的陨石坑，它叫做希克苏鲁伯陨石坑。这个陨石坑十分大，根据计算，当这个陨石以音速四十倍的速度接触到地球时，它的尾部还在12000米左右的高空中呢！

可以想像，当时的撞

击是多么的惨烈，如果用核武器来形容的话，相当于上百颗原子弹同时爆炸所产生的能量，这足以摧毁半个地球的生物。而且，这次陨石撞击还引发了一连串的反应，最后导致了恐龙的灭绝。但反对者认为，这样大的陨石如果真的存在，应该会在地上留下点蛛丝马迹，但事实上却没有，而且这颗陨石虽然大，但是却没有那么大的能力改变整个世界的环境。所以，这个陨石撞击说也并不靠谱。

其他灭绝的假说

除了陨石撞地球的假说以外，还有其他的一些说法，也从各个角度希望能证明恐龙灭绝之谜。有一种假说叫气候变迁说，称恐龙灭绝的时候，地球气候陡然变化，气温大幅下降，造成大气含氧量下降，令恐龙无法生存。还有说法称恐龙年代末期，最初的小型哺乳类动物出现了，这些动物属啮齿类食肉动物，也就是我们所说的老鼠之类的动物。这种动物因为个头小，而且可能以恐龙蛋为食。由于这种小型动物缺乏天敌，越来越多，最终吃光了恐龙蛋。

还有一种假说和大陆漂移假说相关，地质学研究证明，在恐龙生存的年代地球的大陆只有一块，即"泛古陆"。最后由于地壳变化，这块大陆在侏罗纪时期发生了较大的分裂和漂移现象，最终导致环境和气候的变化，恐龙因此而灭绝。

人类时代的生物灭绝

人类的出现无疑对整个地球造成了巨大影响，不论是好是坏，如今的人类已经成为地球的主人，而且大量地占有、肆意地浪费地球上仅存的有限资源，相信某一天，人类最终会因为资源的缺少而灭绝。

地球上曾经发生过九次大规模的生物灭绝事件，虽然我们并不知道这些生物因为什么而灭绝，但一定是天灾所导致的，比如气候的变化、天体的撞击和火山喷发等等。最严重的一次莫过于恐龙灭绝的那一次，全世界80%的生物都消失了，而留下的生物也渐渐进化的更小，再也没有体型巨大的动物出现。长久以来，地球上的生物灭绝及再现，都是遵从了适者生存的法则。而人类的出现和繁盛，也是因为人类适应性极强的原因，当然，还有我们聪明的大脑和灵巧的双手。

但就在人类如此繁荣的今天，其他生物却正遭受着灭绝的危险。据相关统计表明，在最近的四百年里，有151种高等脊椎动物灭绝，而且如今有八分之一的鸟类、四分之一的哺乳类和三分之一的两栖类动物正在灭绝的边缘。按照现在的速度来计算，所有生物的灭绝速度要比过去大概快上1000倍。也就是

说，如今生物多样性正在遭受挑战，说不定某一天我们人类

就会成为地球上唯一的生物，而那些动物只能看一些标本了。

濒临灭绝的生物

根据世界自然保护联盟2011年公布的《濒危物种红色名

录》显示，如今已知生活在世界上的59 508种生物之中，有

19 265种濒临灭绝，占总数的三分之一！科学研究表明，物种

灭绝的速度已经大大超过了临界点，世界生物的灭绝已经不可阻

挡了，为了保存这些文明，全球已经建立了上千个"物种库"，

以便更好地保护全球的珍稀生物。

这样的数据对人类来说绝对不是什么好事，如果以哺乳动

物为主，那么至少有50%的哺乳动物可能在3代内灭绝或者将

在1000年以内灭绝，也就是说，我们人类正进入大灭绝的边缘，

前九次大灭绝中，每次都有四分之三以上的动物种类遭到灭

绝。而根据现有的估计来计算，第十次生物大灭绝即将在短短

的三百年至两千年内到来，也就是说人类恐怕不会生存的太久

了，我们的后代也将无法继续存活在地球上了。

人类引发的生物灭绝

虽然之前的生物灭绝都是由于天灾的原因，但这次绝对是人

祸！许许多多的科学家表示，人类自从进入工业革命以来，人口

急速增长、全球气温变暖和自然环境的恶化，已经令地球上的生物逐渐减少，而且会让第十次生物大灭绝提前到来。这次生物大灭绝因人类而起，同时，人类也将在这次灭绝的名单上。

Tips 知识小百科

工业革命又称产业革命，发源于英格兰中部地区，是指生产完成了从工厂手工业向机器大工业过渡的阶段。工业革命是以机器取代人力，以大规模工厂化生产取代个体工厂手工生产的一场生产与科技革命。

人类因为工业革命的原因，大量使用了化石能源，从而引起了全球变暖等一系列的自然灾害，这和距今约4500万年前地球经历的一次气温变暖十分相似。而上次的全球变暖，直接导致了大量的动植物灭绝。就目前来说，自从进入工业革命以后，全世界的生物已经灭绝了15000

种，这些生物都是因为人类的原因而灭绝的，其中在美洲有十几亿只的旅鸽，仅仅在几十年的时间里面，就被消灭的仅剩五百多只，后来想要保护的时候却直接灭绝了。科学家发现，人类造成物种灭绝的速度要比自然灭绝的速度高1000倍，平均每一小时就有一种物种遭受灭绝。《自然》杂志称，50年后100多万种陆地生物将从地球上消失。

保护环境刻不容缓

生物大量的灭绝对人类绝对没有一丝好处，地球上许多的生物都是互相依存，缺少某一环节都可能直接导致整个生物金字塔的崩溃。虽然我们人类是站在金字塔顶端的生物，但我们依旧要吃饭，要喝水，要吸氧气。而环境的破坏会越来越让我们得不到这些，大片砍伐森林会导致大气中的氧气含量降低，燃烧液化石油等能源，会导致温室效应，令南北极的冰川融化，使海平面上升，到时整个沿海地区都会被淹没。

破坏环境的代价太多太多，我们能做的就是从小事做起，不使用一次性筷子，用可再生纸张，垃圾要分类回收，尽量骑车或乘坐公交车出行，减少汽车尾气的排放。总之，我们能做的很多，只要愿意为保护地球出一份力，相信地球会变得更美好。

威胁生物灭绝的几大灾难

地球是人类居住的星球，没有地球就不会出现人类，也不用考虑所谓的世界末日了。其实历史上就出现过很多次生物大灭绝的事情，最著名的恐怕就是恐龙的灭绝，科学家也相信，总有一天人类也会迎来这一天的。

地球在历史上出现过那么多次生物灭绝，人类的历史上，也出现过局部的灭顶之灾。比如曾经肆虐欧洲的黑死病，就曾夺去2500万的人口，差点令整个欧洲的人都灭绝。可能就是出于这种害怕，人类提出了很多版本的世界末日预言，那么这些世界末日预言是根据什么而得出的呢？最近，科学家对地球构成威胁的所有灾难进行了一个排序，向人们介绍人类可能面临的危机。当然，这种排序只是根据科学得出的结论，并不是预言，以后随着新的研究可能还会发生改变。

磁极倒转之后

我们知道，地球是一个大磁铁，具有南北两极。但是这两个磁极并不是稳定的，科学家发现，历史上其实出现过很多次磁极的转换，也就是南北极调转，南极跑到北极，伴随这种磁极的转换，地球将迎来冰河纪。就目前已掌握的资料来看，地球曾经历过六次大型的冰河纪时期，这六次冰河纪令整个地球成为一个大冰窖，只有少数的动植物存活了下来。而离现在最近的一次冰河纪，已经有1.2万年的历史了。这次冰河纪令许多生物死于寒冷，而当时的南北两极仅偏离了2000千米！

就目前来看，地球的磁极似乎又要转变了，科学家发现目前地球的南北极都已经移动了几百米远。当南极处于极夜的时候，竟然能看到太阳升起，这不得不说是个奇观。但这个现象也反映出，磁极正在开始调转，就是不知道何时会引发冰河纪的来临，就目前来看，我们还没有必要担心。

火山喷发

火山喷发可不是开玩笑的事情，虽然中国很少会遇到这种现象，但世界各地火山喷发所造成的灾害并不比车祸少。科学家们担心，可能有二十多座1000～2000年来一直没有活动的大型火山会突然喷发，而其中最令人担心的就是厄尔布鲁士火山。900年前，厄尔布鲁士火山最后一次喷发，喷发出的熔岩能喷射到700千米以外的地方，甚至连阿斯特拉罕城外都能看到它那直径达7米的冷却熔岩块。如今科学家对它进行检测，但情况不容乐观，因为每天它内部的温度都在升高，可能有一天会再一次的喷发。

除了这座火山外，还有美国的黄石火山，这座火山位于黄

shí gōng yuán nèi　　rú guǒ tā quán bù pēn fā de
石公园内，如果它全部喷发的

huà　　zhěng gè měi guó jiāng bèi cuī huǐ　　ér qiě dà
话，整个美国将被摧毁，而且大

liàng de huǒ shān huī huì suí zhe jì fēng fēi wǎng shì jiè
量的火山灰会随着季风飞往世界

gè dì　　zuì zhōng zào chéng yí cì dà miàn jī de
各地，最终造成一次大面积的

zāi nàn　　dāng rán　　zhè zuò huǒ shān mù qián hái zài
灾难。当然，这座火山目前还在

xiū mián　　xī wàng wǒ men yǒng yuǎn děng bú dào tā
休眠，希望我们永远等不到它

xǐng lái de nà yì tiān
醒来的那一天。

太阳的攻击

如果太阳暴发大规模的耀斑，就很可能会导致人类灭亡。虽然这种现象并不会令地球变得很热，但是会将地球上的所有科技设备摧毁。到时，所有电子产品都将失灵，没有任何办法可以解决这个问题。可能你会认为，没有任何电子仪器也没事啊，古代人不也生活的好好的吗，社会也可以照常运转很长时间。

如果你这样想就大错特错了，首先你会看到那些过热或过冷的地区会有大量人员死亡。而且人类现在的人口比古代多太多了，农业会受到直接的影响，没有科技设备粮食都很难运送出去。到时将会爆发很严重的骚乱，还会出现大范围的饥荒，会有很多人被饿死，最终毁灭人类。

人类毁灭自己的武器

人类从出现后，就在不断为自己的生存而努力，但当人类获得了地球统治权力后，却发生了内部的斗争。战争从来没有停止过，不论是一次世界大战还是二次世界大战，都是人类自我毁灭的表现。

人类自从二次世界大战后，制造了许许多多的武器，原子弹作为结束二战的威慑力武器，拥有极具恐怖的破坏力。我们可能无法了解原子弹拥有多大的威力，但日本广岛人和长崎人永远不会忘记，仅仅是两枚加起来有一个小轿车大的炸弹，就直接毁灭了两个大城市，直接死亡人数70 000多人，而后还有许许多多的人因为核污染而饱受摧残，出生的婴儿不是畸形就是没有任何生命体征。这是世界上唯一一一次使用原子弹，也正是这次打击，让日本人提前投降。

当今的世界上约有5万多枚核弹头，总重量相当于200亿吨TNT当量的核武器，一旦发生爆炸，地球上的生物就会被毁灭。届时，地球将变成暗无天日的世界，厚厚的浓烟遮盖着天空，终日不散，陆地上再也看不见阳光，气温也会随之急剧下降，没有任何生物能在这场浩劫之中存活下来。

世界的动荡

经历了二次世界大战后，时间貌似迎来了短暂的和平，但是地域性的冲突并没有停止。二次世界大战以后，世界上相继爆发了许多次小规模的战斗，就连热爱和平的中国也未能幸免，而其他地区的战斗更是激烈。正因为这种地域性的冲突，一些被打败，或者想要打败政府的人成为恐怖分子，专门在世界上制造各种恐怖袭击，911事件就是一次很严重的恐怖袭击事件。虽然911事件已经是人类历史上的一次大灾难了，但是在很多人看来，如果核武器落入了恐怖分子的手中，将会带来更多不可估量的损失。有相当一部分人认为，第三次世界大战很有可能就是恐怖分子引起的，或者是恐怖分子率先使用核武器的。

世界上有许许多多的恐怖主义者，这些人潜藏在世界各地，进行各种破坏活动，他们的目的就是牺牲和平，换来战争，从而赢得自己的利益。

自从911事件后，

美国的部分学者提出了第三次世界大战将是与恐怖分子的战斗，而且是一场拥有核、化、生等大规模杀伤性武器的战争。届时，整个人类都将无法幸免于难，留下的仅仅是满目疮痍的地球。

核战争后的地球

你曾想过地球上爆发核战争后的场景吗？又想过终年看不见太阳的场景吗？有些人认为，核战并不可怕，现在有抵御核武器的基地，而且也并不是所有人都会死去。可是，核战争后，留下的将是不干净的空气，也没有纯洁的水源，只有那被污染的地球。哪怕储存再多的粮食，也不能维持数百年，可战争后的污染会持续上千年。

而且，人类只能一直躲在防核基地中，不能出去，因为外面的辐射太大，只要出去就会得病，甚至死亡。在基地中生活一段时间没有什么，但生活一辈子恐怕很多人都会受不了的，不但没有娱乐，也没有任何值得开心的事情。而且，想看看天空也不可能，因为空中全是核爆后留下的尘埃，这些尘埃会吸收太阳的热量，令地球的表面接收不到温暖，核冬天将来临。

恐怖的核冬天

核冬天的理论不是随便说说，而是根据实验操作证实的，如果真的发生了所谓的核战争，核冬天将会毫不留情的毁灭人类。当核弹四处爆炸后，在每一个核爆炸地点上空，都会腾起一股巨大的由尘土和烟灰构成的柱状云团。这股云团会上升到大气层中，或者是更高的地方，然后向四周扩散，就如同下暴雨时的乌云一样，会相互聚拢到一起。核战爆发的第二天早上将没有阳光，哪怕到了中午也是漆黑一片，这种黑暗将会一直持续若干个星期，没有人知道它会何时结束。在这段黑暗的期间内，地球上的温度将一降再降，大陆上的气温总计可能会下降40℃，就算是夏天也会变成冬天，冬天的温度将会和南北极一样。

对于沿海地区的大城市来说，气温将不会降低那么多，可能只会降低15℃左右，这是因为海洋温室效应的缘故。虽然沿海地区的人们不会因为气温而如何，但是全天的黑暗和气温降低，会令所有的植物死亡，到时人类就只能吃储存好的食物了。而且，大量带有辐射的尘埃，也会让人们患上各种疾病，这些疾病将会令一部分人死亡。那些留存下来的人可能不会因病而死，但食品和农作物的短缺，将会导致饥荒，从而令大部分的人死亡。

外星陨石的袭击

陨石是指那些在宇宙中四处游荡，无意间被地球捕获，坠落在地球上的物质，这种物质可能是普通岩石，也有可能是一块大铁块，还有可能是一颗巨大的钻石。这些陨石大多都来自小行星带，还有一部分是来自月球和火星。

陨石是一种十分珍贵的矿物质，是由天体中坠落到地球上的外星物质因为它多半带有地球上没有或不常见的物质，而且其表面会因为经过大气层高速燃烧而形成一层新物质。而那些由太空人登上的外星球，如月球，所带回来的则不叫陨石，而会称为月球矿石。据科学家十多年的观测，每年降落到地球上的陨石大概有20多吨，有两万多块。由于多数陨石落在海洋、荒漠、森林和山地等人烟罕至地区，而被人发现并收集到手的陨石每年只有几十块，数量极少。所以这些陨石的价值也比较高，特别是拥有特殊矿物质的。

外太空的地球杀手

上面我们也介绍过了，陨石大多都是来自小行星带，当小行星带的行星相互碰撞后，一些撞击后的碎块就会离开本来

的轨道，向其他地方前进，而经过地球的，被地球的引力所吸引

过来的碎块就成为了陨石。其实陨石是一种常见的现象，我们

在夜晚所看到的流星就是陨石进入地球后的痕迹，只不过它们被

高温所融化了而已。慧星并不是陨石，慧星就和地球一样，是一

种有固定轨道的小行星，只不过它们比较小，而且运动速度快，

并不像我们生活的行星这么稳定而已。

陨石也是分很多级别的，最小的一种称为迷你陨石，直径

大约为一米左右，它们经过大气层后基本上就被燃烧殆尽，什

么也不会留下。比小陨石大的叫做大陨石，直径在数十米以上，

这种陨石能造　　　　　　　　成不大的冲击力，会对一定范围的

生物造成危

险，但人类可以

用武器将其击

毁。更大的陨

石直径在百米

以上，这种

陨石十分危险，

人类需要用核

弹攻击，而且

可能要使用

多颗。这种陨石不能直接

摧毁，只能让他偏离轨道，

这样人类就能安全了。真

正对人类造成威胁的就是

巨型陨石，直径是以千米计

算的，就算使用大量核弹

也不能将其摧毁，只能指

望爆炸后能将其偏离轨道。

而对于超级陨石来说，直径

以百千米计算的，人类只能

等待末日的来临，哪怕使用

所有的核武器，也没有办法

成功，地球还是难逃一劫。

如何解决陨石危机

如果真的有一颗大陨石，或者是更大的超级陨石向地球袭

击的话，人类该如何解决这个危机呢？其实，这个问题不用想，

因为人类目前能实行的就是利用火箭或者卫星装置搭载核弹对

陨石进行攻击，期望它能偏离原本的轨道，和地球擦肩而过。

可是，科学家对这个办法表示并不乐观，因为攻击一颗巨型陨

石，并且让它偏离轨道这需要在陨石离人类很远之前做到，否则

轨道并不会有太大的变化。另外，就算是一颗直径百米的陨石，利用核武器攻击后可能会分裂更多的碎片，这些碎片掉落在地球上一样是危险的。

除了对陨石的直径要做分析外，还要对陨石成分的种类进行分析，虽然大部分陨石由冰块和岩石组成，但也有部分陨石（而且比例还很大）是由金属组成，这一类陨石根本无法用核弹摧毁，我们人类能做的就是更多的用飞弹直接攻击慧星陨石表面，但破坏力也会大打折扣，可能达不到预期效果。总之对付陨石撞击，早发现是最为重要的。以我们现在的科技程度来算，对付一颗大型陨石至少要提前10年知晓，我们才有足够的时间去准备，否则很难对撞击做出反应。

Tips 知识小百科

墨西哥希克苏鲁伯陨石坑，是目前世界上发现最大的陨石撞击坑，当时的陨石撞击力要比普通氢弹的威力还要强大200万倍，许多科学家认为正是因为这次撞击而引起一系列反应，引发了6500万年前的恐龙大灭绝。

陨石撞击地球后

我们可以假设，如果一颗直径上百米的陨石撞击地球后的场景。如果陨石没有掉落到海里，而是掉落在陆地上，那么以陨石掉落的地方为中心，几百千米内的生物将消失，巨大的冲击波能摧毁一切建筑物，而且还会引发7级以上的地震。对于人类来说，陨石掉落在海中更加可怕，因为这会引起巨大的海啸，会令附近沿海地区的人们遭受灭顶之灾。

目前世界上最大的陨石就在中国，1976年3月8日，吉林省就降落的一场大规模的陨石雨。这次陨石雨散落的范围达四五百平方千米，人们一共搜集到陨石一百多块，总重量在2600千克以上。其中，最大的一号陨石重1770千克，是目前世界上搜索到的最重的一块陨石。

火山喷发后的世界

火山或许很多中国人都不清楚它的危害，因为对于中国很少有火山喷发的记录，而自从新中国成立以后，更是没有任何火山喷发的记载。中国历史上有记载的火山喷发记录大约是在250年前的长白山地区，曾经有过一次火山喷发的记录。

火山其实是地壳中熔浆喷射到地表后所形成的一种山体，火山的形成十分复杂，但可以确定的是，火山喷发的后果是十分严重的，很有可能就会令周围所有的生物死亡，所以是一种十分恐怖的自然灾害。

火山出现的历史十分悠久，早在地球之初，就有火山的形成，也正因为火山喷发出的熔岩，才形成了如今的陆地。科学家对火山进行了分类，有些火山在人类有史以前就喷发过，但现在已不再活动，这样的火山称之为"死火山"；而有史以来曾经喷发过，但长期以来处于相对静止状态的火山。此类火山都保存有完好的火山形态，仍具有火山活动能力，或尚不能断定其已丧失火山活动能力，人们称之为"休眠火山"；人类有史以来，时有喷发的火山，称为"活火山"。

应当防范的火山

就火山的种类来说，我们人类需要防范的是活火山和休眠火山，至于死火山就没有必要担心，因为这样的火山基本上不会再活动了。而活火山和休眠火山不一样，活火山随时都有可能喷发，而且正处于活动的旺盛时期，稍微受到一点刺激，就会大量往外喷发岩浆和火山灰。比如爪哇岛上的梅拉皮火山，平均每二三年就会喷发一次，每次喷发虽然不会造成太大损失，但也给当地人带来了不少麻烦。目前地球上的活火山大多都被监控起来，可以进行有效地防范，可是对于那些休眠火山来说，就不那么容易防范了，因为这些火山说不定哪天就会心血来潮喷发一次。

比如中国的长白山天池，就曾在公元1327年和公元1658年两度喷发，在此之前还有多次活动。虽然长白山天池现在已经没有喷发活动，但从山坡上一些深不可测的喷气孔中不断喷出高温气体，可见该火山目前正处于休眠状态。其实，这三类火山并没有严格的界限，说不定哪天休眠火山就喷发一次，成为活火山，而死火山也有可能喷发成为活火山。

古时候，人们一直认为意大利的维苏威火

山是一个死火山，在火山脚下，人们建筑起了许多的城镇，在火山坡上开辟了葡萄园，但在公元79年维苏威火山突然爆发，高温的火山喷发物袭占了毫无防备的庞贝和赫拉古农姆两座古城，两座城市及居民全部毁灭和丧生。

 ## 火山喷发的危害

火山喷发绝对不是一件好事，特别是对那些火山周围的居民来说，时刻都要担心火山会不会不高兴，进行一次轰轰烈烈的喷发。首先，火山喷发的炽热熔浆倒不是什么问题，因为熔浆的流速十分缓慢，现代的交通工具足以让人们在熔岩到来之前离开。火山喷发最可怕的就是火山灰和火山气体，因为火山中硫元素的含量十分高，所以火山喷发会释放大量有毒的硫化气体，这些气体被人吸进去后就很有可能中毒身亡。而且，火山喷发会带来大量火山灰，这些火山灰会阻挡太阳的光芒，而且碰到雨季的时候还会下起泥浆雨。

如果火山喷发的很剧烈，那么火山灰和火山气体就会被喷到高空中去，它们就会随风散布到很远的地方。这些火山物质会遮住阳光，导致地表的温度降低，污染空气质量等等。另外，火山喷发的时候会喷射出许多岩石。这些岩石对周围的人来说是很大的灾难。尽管火山喷发的坏处很多，但火山喷发后会让土地更加肥沃，对农民来说再好不过了。

超级火山大喷发

既然是世界末日，那么一两个火山喷发肯定不能带来太大的危险，但是当一些超级火山集体喷发可就不一样了，其结果会让世界遭受灭顶之灾。地球的超级火山并不多，只有10座，但任意一座火山只要喷发，给人类带来的都是灭顶灾难。这些超级火山中，美国的黄石火山是最大的，而且也是最具破坏力的。有科学家就做过实验，如果黄石火山全面爆发的话，人类的文明就会倒退上千年，直接回到原始。

黄石火山如果发生喷发，首先消失的就是整个美国，之后漫天的火山灰会随着季风飘到欧洲，整个欧洲会饱受火山灰的侵扰。之后，这些火山灰会再来到亚洲，亚洲将面临很长时间的黑暗。之后，整个地球由于火山灰的原因，会遭受寒冷的袭击，温度将急剧下降，最后毁灭整个人类世界。

被污染所毁灭的人类

我们生活的地球是个美丽的地方，但是许多人不注意保护环境，致使环境变得恶劣起来，特别是随着工业化革命的出现，大型工厂在许多地方拔地而起，更是引发了全世界的环境危机。恐怕，不久的将来我们将没有一个适合居住的地球了。

目前为止，地球是人类的唯一居所，地球的环境是人类生存的最基本条件。但是，由于世界环境的日益恶化，生态平衡的巨大破坏，地球已逐渐失去了供养人类的能力，人类面临着空前严重的生存危机。许多有环保意识的人已经开始了积极的环保活动，发出"救救地球，救救人类"的呼声，这是一种进步的表现。

世界末日让我们恐惧是因为突如其来的灾难，但环境恶化所带来的危险则是一点点腐蚀我们的身体，最终令整个人类全部灭绝。人们一直认为世间的万物是循环的，用完的水会通过下雨的形式再回来，吸进去的空气也会因为净化而变得干净。而且地球那么大，人类制造点垃圾又能怎么样呢？可是，就是这样的思想正在带领人类走向灭亡，最终人类将逃不过环境的反噬。

防不胜防的环境污染

我们能不吃饭，能不喝水，但却不能一直不呼吸。污染无处不在，不论是我们吃的饭，还是我们的喝的水，或者是我们呼吸的空气，这些东西都会被污染，而我们却没有办法清洗这种污染。环境污染主要有三个方面，分别是陆地污染、水污染、空气污染，这些污染已经涉及到我们生活的方方面面，所以环境污染对每个人来说都不是一件小事。

陆地污染主要是指人类制造的各种垃圾，这些垃圾包含了许许多多不能焚烧也不能被细菌分解的东西，结果只能倾倒在远离城市的地方。特别是其中的塑料制品和橡胶制品，焚烧会造成空气污染，埋进土里会造成陆地污染，所以不使用塑料制品是一种保护环境的最好方法。水污染就比较常见了，我们的生活用水和工厂生产用水最终都会排放到大江、大河中，最后流入大海，这就会造成海洋和地下水的污染。这些污染的水源再被人类引用，就会造成中毒，或者食用那些喝过被污染的水的动物，人类也可能会中毒。空气污染是所有污染中最为严重也是最直接的污染，因为没有任何方法能控制这种污染。不论是汽车的尾气，还是来自工厂、发电厂等释放的气体，每天都有人因接触了这些污浊空气而染上呼吸器官或视觉器官的疾病。

恐怖的环境污染

> 空气中污染物的浓度很高时，会造成急性污染中毒，或使病状恶化，甚至在几天内夺去几千人的生命。其实，即使大气中污染物浓度不高，但人体成年累月呼吸这种污染了的空气，也会引起慢性支气管炎、肺气肿及肺癌等疾病。

人类进入工业文明并没有多久，所以污染还在可控制的范围内，但目前世界上所有的国家都没有意识到这个问题，而是继续对地球进行污染。而且随着科技的进步，污染的种类也越来越多，比如重金属污染、核污染、放射性污染等等，这些污染的危害比传统污染更大。历史上发生的环境污染事件很多，特别是海洋的污染尤其之多。海洋污染主要来源于石油泄漏，巨大的货轮沉没或搁浅后，就会泄漏大量的石油，这些石油会对附近的海洋生态造成巨大的打击，大量的生物会因此而死。

历史上最大的一次污染事件，就是印度的博帕尔公害事件。这场事故直接死亡人数达一万人，20多万人因为污染而双目失明，其余被污染的人将来的生活更是可怜，不但没有生活能力，身体也是饱受疾病的摧残。1984年12月3日凌晨，坐落在博帕尔市郊的"联合碳化杀虫剂厂"一座存贮45吨异氰酸甲酯的贮槽的保安阀出现毒气泄漏事故，仅仅是一小时的时间，大量的有毒烟雾就袭向了这个城市。首先是近邻的两个小镇上，有数百人在睡梦中死亡。随后，火车站里的一些乞丐死亡。一周后，有2500人死于这场污染事故，另有1000多人危在旦夕，3000多人病入膏肓。

被大海吞没的世界末日

大海占据整个地球表面积的71%，并且大海中的生物为人类提供了太多太多保护，仅大海中生活的藻类植物，就为人类提供了所有氧气的78%！没有大海的话，人类不但会失去氧气，也会失去各种食物来源。

大海虽然表面平静，但疯狂起来的大海将毁灭一切，任何东西都无法阻挡大海。因为大量温室气体的排放，地球的温度正在逐渐升高，这对人类来说绝对不是什么好事，因为温度升高意味着海平面会上升。目前为止，地球的平均温度已经比一百年前升高了0.6摄氏度，可能升高这么点温度让人意识不到重要性，因为一年四季的温差就是这个温度的几十倍了，地球才升高这么点温度又有什么可怕的呢？

首先，我们要知道，地球变暖并不等于我们所理解的暖和，而是地球整体气候的一个变化。对于我们来说，平时的温度升高或降低几度，几十度都没有太大的问题，但整个地球的气候变化几度将是十分可怕的事情。因为这会令整个地球的气候发生巨大的变化，从而影响整个世界。地球平均气温每上升1℃，就会令

冰川融化，海洋中的珊瑚礁白化，高山植物枯萎；如果地球平均气温升高2℃，将会给我们的社会经济生活带来严重影响。

 ## 让地球发烧的温室效应

说起温室效应可能有很多人不能理解，其实我们平时听到或者见到的农业大棚就是利用温室效应的典范。也就是利用大棚吸收太阳的热量，但又不让这些热量流失，而是长久保持在大棚中，促进农作物的生长。地球的温室效应也是一样，只不过没有大棚，而是一层厚厚的温室气体。这些温室气体能使太阳短波辐射到达地面，但地表向外放出的长波热辐射线却被大气吸收，这样就使地表与低层大气温度增高，热量不能散发出去。

温室气体主要的就是二氧化碳，但这些二氧化碳并不是我们呼吸出来的，而是工业燃烧过多的燃料产生的。比如燃烧石油、煤炭和天然气都能产生大量二氧化碳，虽然这些东西方便了我们的生活，

但也令我们一步步走向灭亡。特别是环境污染严重的今天，大量的森林被砍伐，海洋被破坏，这些都会加重温室气体的严重性，结果将是毁灭性的。

冰封的原始病毒复活

温室效应的直接危害就是令全球变暖，这种暖是整体的暖，不论是冬天或者夏天都会温度升高，可能对人类没什么，但对于冰川来说，这就是最大的破坏。而且，美国科学家近日发现，

因为全球变暖的原因，北极的冰层正在融化，而那些被冰封的十几万年前的史前病毒可能就会重见天日，其结果会令全球人类的生命受到威胁。

病毒的生存能力十分顽强，而且可以维持自己的生命体征几亿年。研究人员在北极抽查一些冰块后发现，里面含有许多致命的病毒，包括已经被人类消灭的天花病毒。这项新发现令研究人员相信，一系列的流行性感冒、小儿麻痹症和天花等疫症病毒可能藏在冰块深处，而人类对这种原始病毒没有任何抵抗能力。如果全球气温上升令冰层溶化，这些埋藏在冰层千年或更长时间的病毒便可能会复活，影响这个人类世界。

第五章
Chapter 5

奇特头骨——世界上各类神秘头骨

水晶头骨固然神秘，但相对来说，它并不是最神秘的。历史是很漫长的，人们发现了许许多多有关头骨的传说和实物，这些头骨都有其神秘的地方，或者代表了一个新的文明。人们对头骨的认识，已经逐渐成为一种文化，成为了独特而又神秘的头骨文化。相信有一天，不论是人类的头骨，还是被制造的头骨，依靠这些头骨会让我们更好地了解自己。

大英博物馆头骨

传说中水晶头骨一共有13个，其中米歇尔·黑吉斯发现的水晶头骨只是其中一个，而另外12个依旧散落在世界各地，等待末日来临时，再出现在众人的面前，拯救人类于水火之中，而且会告诉人类有关宇宙的一切。

当黑吉斯发现的水晶头骨被公开后，世界各地纷纷出现寻找水晶头骨热，希望能找到传说中包含世界一切信息的水晶头骨。另外，一些曾经名不见经传的人，也纷纷跑出来，声称自己是其他水晶头骨的持有人。这其中，大英博物馆所收藏的一个水晶头骨，被认为最有可能是玛雅传说中的13个水晶头骨之一。

这颗头骨一样是由水晶打造，而且整体和黑吉斯所发现的水晶头骨极为相似，不论是头骨的大小还是其构造，都和人类的头骨相似。唯一不同的地方，就是这颗水晶头骨的下颚不能活动，是一个整体的。当然，人们还是认为大英博物馆的水晶头骨，是玛雅人传说中的水晶头骨。

博物馆的水晶头骨

大英博物馆早在1897年就已经收藏到了这颗水晶头骨，当时的持有人称，这颗与真人大小相同的水晶头骨，是"太阳与血的民族"印第安阿兹特克文明的产物，距今已经有几千年的历史了。这颗水晶头骨对阿兹特克人来说，是一种十分神圣还能辟邪的宗教用品，与其相关的传说也有很多。

当时这颗水晶头骨的收藏人是纽约著名珠宝商人蒂凡尼，但其真正的来源是文物收藏家尤金·伯班，这个来自法国的商人，还曾将另一颗水晶头骨卖给巴黎人类博物馆。而且据传，当时这些水晶头骨不仅仅是这两颗，还有多余的，也被伯班卖给了其他个人收藏者。

被发现是赝品

安放在大英博物馆的水晶头骨，近百年来一直是人们好奇的对象，并认为玛雅人13个水晶头骨的传说是真实的。这也掀起了一番寻找水晶头骨的热潮。特别是1999年，著名水晶头骨研究专家凯瑞·路易斯·托马斯的《水晶头骨之谜》出版，掀起了新的一阵研究和寻找水晶头骨的热潮。然而，正是这次的热潮，让人们看清楚了一些真相。

2000 年 1 月 7 日，以大英博物馆前科学研究所所长，威尔士卡迪夫、大学教授伊恩·弗里斯通为首的科研小组通过研究发现，这颗被保存了 100 多年的水晶头骨竟然是假货，根本就不是阿兹特克古国的产物，而是一个在 19 世纪末期经过人工制造的赝品。而且还不是手工打造，而是用现代机器加工而成。通过检测装置能清晰地看出，上面用现代工具打磨的痕迹，这个发现令人们大吃一惊。

水晶头骨的验证

弗里斯通教授通过现代高度电子显微镜检测发现，当用强光照射这个大英博物馆的水晶头骨时，可以很明显看到水晶头骨的表面闪耀着微小的气泡，这是典型现代机械抛光的产物。而且通过和真正的古阿兹特克人石制工艺雕刻出的水晶头骨相比，这颗赝品水晶头骨明显过于粗糙，真正的人工水晶制品有着更为细腻平滑的外观。当时的研究小组还用松脂来检验水晶头骨表面，结果发现了在头骨的眼眶、牙齿、天灵盖部分有许多刮痕，这就证明这根本不是人工打磨而成，因为古代没有这样的技术。弗里斯通认为，这颗水晶头骨是由机轮器械打磨抛光，而阿兹特克人根本没有发明过机轮产品，就不可能是阿兹特克人打造而成的。

弗里斯通说："可以明显看出来，头骨的许多部分有曾经使用机轮工具的痕迹，这种机轮技术是欧洲人进入美洲之后才发明的，而根据考古和资料记载，欧洲人第一次踏上美洲大陆时，当时整个美洲大陆上的原住民，还是用着十分传统的石器工具。古代阿兹特克人并不拥有这种技术。"经过调查，这颗水晶头骨其实是用一块品质很低的巴西水晶雕刻而成，而且这种水晶在墨西哥境内根本没有，所以不可能被古代墨西哥人利用。而这个水晶头骨完成的真正时间、地点大约是19世纪末期的欧洲，有可能是一名德国珠宝匠制作的，并把它们当作阿兹特克古物卖给了珠宝商。这颗水晶头骨被发现造假后，一度使整个水晶头骨热潮冷却，人们开始怀疑水晶头骨的传说以及水晶头骨的真实性。

一些著名的水晶头骨

除了埃及水晶头骨和大英博物馆收藏的假水晶头骨外，还有一些水晶头骨一样吸引人的眼球，甚至被认为就是玛雅传说中流传的13个水晶头骨之一。下面，我们就来介绍一下这些水晶头骨，看看是不是传说中能拯救世界的头骨。

这些水晶头骨的来历众多，有些是来自私人收藏，有些是考古发现，有些没人能弄清楚它们来自何处。但这些水晶头骨都有共同的特点，就是价值连城，因为其材料都是各种水晶，有的甚至是价格昂贵的黑水晶等。当然，这些水晶头骨都不能和黑吉斯发现的水晶头骨相比，因为这些水晶头骨都不具备一个可活动的下巴，这一点也是为什么黑吉斯的水晶头骨那么受瞩目的原因。

紫水晶制成的头骨

紫水晶头骨出土于墨西哥，属于比玛雅人还早的文明产物，这颗水晶头骨的制造过程也是十分复杂的，需要经过长年的打磨，虽然没有黑吉斯发现的水晶头骨精致，外表显得略微粗糙，但也是一件难得的工艺品。这颗水晶头骨本来是个人收藏品，而

收藏他的人就是墨西哥的独裁者迪亚斯，在他的统治被推翻后，紫水晶头骨也就跟随消失了。

1982年的时候，这颗水晶头骨突然出现在以为玛雅人后裔的祭司手中，他希望利用紫水晶头骨的神奇力量，帮助自己的部落摆脱贫困。事实上也是如此，这颗水晶头骨很快被一个美国大财团的主人看上，最后以不可思议的价钱被他买走了，而如今我们根本看不到这颗水晶头骨，除非这个大财团的主人决定公开才行。

神奇的麦克斯头骨

麦克斯头骨可能是与玛雅水晶头骨最相像的了，因为麦克斯头骨的大小和人类头骨的大小差不多，而且据说也拥有神奇的力量，能通过"心灵感应"和他人交流。但是，这颗水晶头骨的制造就明显粗糙，依旧没有活动的下巴，而且表面十分不规则。

对于麦克斯头骨的年龄，没有人能说道清楚，因为至今没有对其进行过检测，只知道这个头骨是在危地马拉的一处玛雅陵墓中发现的。对于这个头骨的来历，同样是不解之谜，传言最多的就是用于祭祀活动，还有可能是用于治疗疾病。

刚才说了这颗头骨有"心灵感应"，此事虽然不知真假，但许多人还是比较相信的。当时这颗头骨由一个私人收藏家收藏，但他对这个头骨并不喜欢，可能是因为这个头骨的制作太过粗糙了，然后就将这个头骨放在了家里的橱柜里，一放就是七年。

但没过多久，这个收藏家称，这个水晶头骨居然和他"说话"

了！就是通过"心灵感

应"的方式，对收藏

家说它不想呆在柜子

里，而且它的名字叫

做"麦克斯"。这样，

这颗头骨就开始被称

为麦克斯头骨，也渐

渐成为比较出名的

水晶头骨之一。

外星人的头骨

这颗水晶头骨雕刻的就比较细致，外表轮廓分明，而且经过

了上百年的手工打磨，是由一

块烟晶雕琢而成的。这个头骨比

较特别，因为并不像是人类的头

骨模型，而更像我们描述的外

星人的头骨，所以就称这个头骨

为外星人头骨。当然，这个头骨

可能只是雕琢的时候走样了，没

有雕琢成功而已。根据科学家的推断，这颗烟晶头骨应该是距今500年，由玛雅人后裔雕琢而成的，主要用于祭祀活动。

当时，一个危地马拉的农户正在家中刨地，无意间就挖出了这个烟晶头骨，之后就成为了他的收藏品。直到1991年的时候，才被卖给了别人。而后的这个收藏家声称，这颗烟晶头骨有神奇的力量，帮助他度过了两次重大手术，其中有一个手术是切除他脑袋里的橙子那么大的肿瘤。

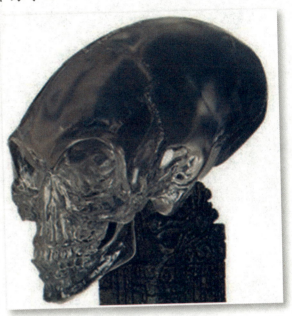

海蓝宝石头骨

有一颗用蓝宝石雕刻而成的头骨，这颗头骨从美洲辗转反侧，经过了米卢、厄瓜多尔，再到哥伦比亚，最后流落到了巴西亚马逊雨林部落的一个村民手里。蓝宝石本来就十分珍贵了，这样大的一个蓝宝石头骨则更加贵重，而且蓝宝石质地较脆，很容易破损，能雕刻成头骨的样子实属难得。正因为这些原因，所以这个蓝宝石头骨的价格及其昂贵，但它肯定不是玛雅预言中的13个水晶头骨，因为外表十分粗糙，而且没有活动的下巴。

不知所终的北京人头盖骨

水晶头骨固然很神秘，但其他头骨依然吸引人们去探索，去发现。这些头骨有些和水晶头骨一样，属于文明创造的东西，还有些是真实的头骨，其意义和传说更为迷人，所以一直流传下来。

北京人头骨应该是最为中国人熟知的了，因为这是咱们老祖宗的头骨，是中国古代人类起源的直接证据。但是，这颗头骨却意外消失了，到现在都没有任何线索，这也成为了不解之谜之一。

北京人的发现

北京房山的周口店附近，有一处叫做龙骨山的地方，古时候，这里流传着"龙骨"的传说，人们只要把"龙骨"研磨成粉末，然后洒在伤口上就可以止痛并加快愈合。正是因为这个传说，所以这里被称作龙骨山。到了民国时期，专家们也注意到了这个地方，结果到这里一探查才发现，这些所谓的"龙骨"其实是古生物的骨骼化石而已。这样，大批的古生物学家和考古家来到周口店，进行发掘和考察。1926年的时候，考古学者意外在这里发现了两颗牙齿化石，而这两颗牙齿不是什么动物的，而是

yuǎn gǔ rén lèi de
远古人类的。

xiāo xi yì jīng gōng bù　　lì kè hōng dòng le zhěng gè shì jiè　　xǔ duō kē xué jiā fēn fēn qián
消息一经公布，立刻轰动了整个世界，许多科学家纷纷前

lái　xī wàng néng zhǎo dào wán zhěng de gǔ rén lèi huà shí　　jīng guò le dà guī mó de wā jué　　hòu
来，希望能找到完整的古人类化石。经过了大规模的挖掘，后

lái zài lóng gǔ shān shang yòu lù lù xù xù de fā xiàn le yì xiē gǔ yuán rén shǐ yòng de shí qì hé yòng
来在龙骨山上又陆陆续续地发现了一些古猿人使用的石器和用

huǒ yí zhǐ　　tōng guò zhè xiē fā xiàn　　zhèng shí zhè xiē gǔ yuán rén shì zhì jīn yuē　　wàn nián qián de
火遗址。通过这些发现，证实这些古猿人是至今约69万年前的

gǔ rén lèi　　shǔ yú rén zhǒng　　yě jiù shì kě yǐ zhàn qǐ lai xíng zǒu de zǎo qī rén lèi　　nián
古人类，属于人种，也就是可以站起来行走的早期人类。1929 年

yuè　　dāng shí de kǎo gǔ gōng zuò zhě fā xiàn le běi jīng rén de dì yí gè tóu gài gǔ huà shí　　hòu
12 月，当时的考古工作者发现了北京人的第一个头盖骨化石，后

lái yòu fā xiàn le　　gè bǐ jiào wán zhěng
来又发现了 5 个比较完整

de tóu gài gǔ hé liǎng bǎi duō kuài huà shí
的头盖骨和两百多块化石，

hái yǒu dà liàng de dǎ zhì shí qì　　dòng
还有大量的打制石器，动

wù huà shí hé huī jìn　　zhè yàng　　suǒ
物化石和灰烬。这样，所

wèi　lóng gǔ　de mí jiē kāi le
谓"龙骨"的谜揭开了。

zhè bú shì tiān cì shén wù de gǔ gé
这不是天赐神物的骨骼，

ér shì rén lèi zǔ xiān hé tā men tóng shí
而是人类祖先和他们同时

dài de dòng wù huà shí
代的动物化石。

![中国人的祖先] 中国人的祖先

duì yú běi jīng yuán rén de fā xiàn　　duì kǎo zhèng zhōng guó gǔ dài wén míng de chū xiàn yǒu hěn
对于北京猿人的发现，对考证中国古代文明的出现有很

dà jià zhí　　gēn jù duì wén huà chén jī wù de yán jiū　　fā xiàn de běi jīng yuán rén shēng huó zài jù
大价值。根据对文化沉积物的研究，发现的北京猿人生活在距

jīn　　wàn nián zhì　　wàn nián zhī jiān　　dāng shí běi jīng yuán rén de píng jūn nǎo liàng dá　　háo
今 70 万年至 20 万年之间。当时北京猿人的平均脑量达 1088 毫

shēng　　xiàn dài rén nǎo liàng wèi　　　　jù tuī suàn běi jīng rén shēn gāo wèi　　　lí mǐ　nán
升，现代人脑量为 1400，据推算北京人身高为 156 厘米（男），

150厘米（女）。考古发现北京猿人还处于石器时代，主要用一些简单石器作为生产工具。另外，北京猿人是可考证的最早使用火的人类，并且能捕猎一些大型动物。当时的北京猿人寿命较短，据统计，68.2%死于14岁前，超过50岁的不足4.5%。1930年，在龙骨山的顶部发掘出生活于2万年前后的古人类化石，命名为"山顶洞人"。1973年又发现介于二者年代之间的"新山顶洞人"，表明北京人的延续和发展。

北京猿人的遗址及化石的发现，对世界的古人类学研究都是一件大事。迄今为止，全世界也没再发现这样一个古人类遗址，竟然能拥有如此众多的古人类、古文化、古动物化石和其它资

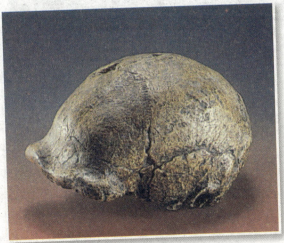

料。北京猿人虽然不是地球上最早的人类，但作为从猿到人中间环节的代表，被称为"古人类全部历史中最有意义最动人的发现"。因此，"北京人头盖骨"的珍贵可想而知。

头骨遗失之谜

北京人头骨化石一直被保存在当时的北京协和医院，但1940年12月26日，日本侵略军占领了北京，战争也就开始了。而此时，"北京人头盖骨"的安全也无法得到保证。当时有人提出将这些资料和化石委托给美国学术机关，让他们暂时保管一下，等战争结束后再归还。当时美国政府也同意这个计划，并且派遣了海军陆战队作为护卫，当时这些资料登上了前往美国的"哈德逊总统号"，但还没有出港的时候，就被日军袭击，结果所有东西都成为了日军的战利品。至此之后，再也没有"北京人头盖骨"的信息，距今已经失踪了72年，没有人知道它现在在哪里……

近来，据最新的消息得知，北京人头骨可能存在秦皇岛的一处地下停车场里。1947年一名美国军人在秦皇岛的"霍尔康姆营地"参加了一场战斗，美军当时在挖掩体时挖出了装在木板箱里的"北京人头骨"，当时士兵把木板箱当成了机枪垫，随后鲍恩被俘虏。鲍恩认为，战斗结束后，北京人头盖骨可能又被埋在了原地。研究人员根据鲍恩的回忆，前往秦皇岛进行了调查，并找到了鲍恩所说的"霍尔康姆营地"，但它现在已变成了一个建在闹市区的停车场。

火星上发现的头骨

火星是离地球很近的一颗行星，而且也是太阳系中唯一一颗与地球相似的行星。很早以前，就有科学家提出移民火星的计划，并且有许多人声称火星上其实有火星人，而且，这些火星人还是地球人的祖先。

目前对火星的探测还只是起步阶段，美国宇航局先后两次前往火星进行探测，一个是"勇气"号，一个是"好奇"号，而"好奇"号于2012年8月5号才成功登陆火星。这两项探测计划的终极目的只有一个，就是探索火星适不适合人类居住。

虽然现在还不确定火星是否适合人类居住，但科学家证实，火星一定是最适合人类移民的外星球，因为火星上有水的痕迹。而且，从探测器上发回的照片，人们发现了一些不可思议的东西，其中就有一个头骨样子的东西。莫非，火星上真的有人居住？

火星人的头骨被发现

美国航空宇宙局NASA在火星表面沙地上进行了拍照，从卫星所传回来的讯息中，发现了有块像人类头骨的石头。

2006年，NASA将这个由"勇气"号火星车所拍到的影像公开，照片上显现明显的一个地方，是一块很像人类头骨的东西，不知是岩石还是什么。因为这个东西十分像头骨，所以人们纷纷猜测这会不会就是火星人的头骨，也就是说火星人其实是存在的。这个猜测令许多人感到兴奋，想不到苦苦寻觅的外星生物竟然就在火星上，那么人类和外星人接触的时间也会很快到来了。

这颗长得像头骨的东西引起了人们的好奇，并迅速引起了世界各地外星人爱好者的注意。对于这块奇怪的头骨，一些人认为这是火星人的，也有些认人为这只不过就是火星上的一块普通石头而已。通过图片可以看到，这块火星"头骨"不仅拥有光滑的额头，而且还拥有两个眼窝般的黑洞、一个鼻子和一个尖尖的嘴巴，而"后脑勺"看起来相当大。就是这样的一张照片，引起了许多人的猜测。

现实中，这张NASA公布的火星照片中酷似"骷髅头"的怪石，被一些人认为是照片可能让

人做过了手脚。火星表面上有许多岩石。经过仪器对照片跟岩

石分析，一些科学家认为这确实是被深埋在地下的火星人头骨，

只不过由于火星上的大风，最后才慢慢显露出来。

无法确定的结论

对于这张"火星人头骨"的

照片，众人的讨论也逐渐分为两

派，一方认为这个肯定是火星人

的头骨，另一方认为这只不过是

岩石而已，之前就曾经发生过这

样的争论。一名外星人爱好者

推测说："这肯定不是一块石头，它和当年罗斯维尔飞碟坠毁事

件中的外星人尸体一样，同样有尖尖的下巴、大大的眼睛和大大

的脑袋。而一些科学家则不相信，认为这只不过是反光造成的，

根本没有所谓的外星人头骨，这只是石头而已。

对于这些猜测，美国宇航局并没有表示出任何看法，因为对

于火星上是否有人，没有人能说清楚。目前美国宇航局发射的

"好奇"号火星探险车已经到达火星，相信经过一段时间的考察，

会发现火星是否有过生物的证据。其实，早在很久以前，就有

许多证据显示，火星上或许真的存在生物，可能有火星人也

说不定。

Tips 知识小百科

前不久，"机遇号"火星车拍到的一张火星"烂木头"照片也曾在网民中引发激烈的争议,有人根据这根"烂木头"断言火星上可能存在大量森林。不过NASA专家辩驳称,火星照片上的"烂木头"其实也是火星石头而已。

火星上各种不可思议的发现

关于火星上的发现，最著名的就是"火星之脸"照片，这张照片是1976年由NASA公布的，是当时"海盗1号"探测器拍到的火星照片。这张照片上有一个巨大"人脸"形状，没有人知道这是个什么。虽然美国宇航局当时在照片说明中解释道，这张照片只不过是一个受侵蚀的岩石台地地形，而人脸的形状是"因为光影效果让人们产生了它具有眼睛、鼻子和嘴的错觉"。可是，许多人看到这张人脸后明显不信任美国宇航局，认为这是火星人的雕塑，火星是存在外星生命的。对于此事，后来还拍摄成了电影。

人们认为，美国政府其实隐瞒了火星上存在文明的事实，担心人们了解后会害怕被火星人袭击。但等到2003年时，欧洲宇航局发射的"火星快车"探测器经过这个位置时，对这里用高清晰立体摄像仪对"火星之脸"进行了全方位拍摄，结果显示，这只不过是一座很普通的山丘而已，只是太阳光线照射和拍摄角度不同而形成的。

巨大的巨人头骨

姚明的身高很高，有2米多，一般人站在他旁边都要仰视他。然而，考古发现，曾经地球上生活着一些特别的人，他们的身高比姚明还要高，有些高达5米之多。这些人的头骨就更不用说了，普通人的三个头骨都无法赶上他的一个大。

对于这些奇特的人，我们称之为巨人。

巨人的传说古来有之，古代希腊神话中就记载过很多巨人，不论是神灵还是怪物，都比正常人高大许多，有些甚至有山峰那么高。中国也有相关的记载，古代神话中就有夸父追日的传说，讲述夸父追逐太阳的故事。夸父的身高就极其高大，而且胃口也极大，一口能喝掉整条黄河的水。当然，这有些夸张的成分，但不难看出巨人的传说在世界上都出现过。

玛雅人曾预言人类之前的四个文明中，就有一个是巨人文明，据称这个文明中的巨人极其高大，拥有无穷无尽的力气，而且极其的聪明。另外考古学者也发现了一些不可思议地化石，这些人类化石比人类出现还要早，而且骨骼十分的巨大，根本就是巨人。

考古发现的巨人遗骸

对于巨人是否存在的事情，最直接有利的证据就是化石。19世纪时正是考古全盛时期，许多考古学者和探险家都想找到遗迹，挖出那些曾经存在的财宝。就因为这样，有许多人挖出了大量的巨大木乃伊化石和骨骸，这些化石和骨骸的出土地点已经不可考证了，但是在希腊、意大利、中东和美国都曾经发现过。当然，有些是假的或者是被误认的，但仍然有许多证据显示，地球上可能曾存在过巨人族。

美国的一个牧场工人去洞穴中挖掘蝙蝠粪当作肥料时，在挖至3～4米深时竟然发现了一个奇特的工艺品。之后他们继续在周围挖掘，结果令他们吃惊，因为他们发现了一个红发巨人的木乃伊。这个巨人大约有2米高，他们和埃及木乃伊很相像，只不过他们后面有长至肩膀的红色长发。牧场工人从来没有见过这种东西，但附近的印第安土著却见怪不怪。曾经有过一本印第安公主出的书，书中声称，这些居住在洞穴里的巨人是食人族，因为害怕印第安人用木头堵住洞口，然后放火烧死了他们。

另外，同样是美国，曾经一群矿工在加利福尼亚的瀑布后面发现了一个墓穴，当他们将墙壁敲开后，却发现了两个木乃伊，是一个妇女抱着孩子。这两个木乃伊身材高大，就算是孩子

都有我们成年人高，而且身上覆盖着毛皮和奇怪的灰尘。之
后，又在其他地区陆陆续续地发现其他高大女性的木乃伊。

古代遗迹中的证据

许多地方都有和巨人有关的遗迹，比如复活节岛上的巨人石像，这些石像的高度就十分高。

还有南美的岩石上，也刻有巨大人像，这些巨人像非常巨大，从地面很难分辨出来，但从天空中俯视就能看得清楚了。

玻利维亚的喀喀湖15千米远的安第斯山上有许多巨石，这些巨石最大的石块高达29米，重达900吨。而安地斯山海拔4100米，上面没有任何树木，空无一物。但在没有木轮的情况下，怎样把这些巨石运送上去的呢？有人就猜测到，会不会是巨人干的。

巨人或许真的存在

我们知道地球上最大的动物是鲸鱼，但和远古时期的恐龙相比，鲸鱼也显得很小了。那么，为什么恐龙能生长的如此巨大呢？而且据化石显示，当时的植物也比现在大一倍

多。比如现在的蜻蜓展翼有10厘米，化石记录的古蜻蜓展翼长达1.5米。有些科学家猜测，可能远古时期的环境更适应生物的生长，在这种情况下生物的体型会变得很巨大，这跟考古发现相符。也就是说，现代的人如果真的前往古代生活，那么就增长一倍高，如果姚明去古代的话，他将有4米多高！

这些证据显示，或许曾经有过类似人的生物，生活在几亿年前，并且体型十分庞大，不是我们现代人所能达到的。只不过，如果这样猜测的话，则要证明几亿年前就有这种生物，可是化石上的发现还很少，没有足够的证据能证明这种生物存在过。不过，这种巨型的似人生物，和玛雅人讲述的四个文明中第一个很像，都拥有庞大的体型，或许这样的文明真的存在。

最完整的中国头骨化石

大部分的化石因为长时间埋藏在地下，受到一些外力的因素会造成损伤，所以很少有比较完整的化石。大多数化石挖掘出来的时候，都是破碎的，之后经过考古工作者细致地拼接才还原成一个完整的化石。如果发现一个完整的化石，那么意义就又不同了。

完整的化石对了解当时的生物状态有很大帮助，所以一颗完整的化石出土，往往会给考古历史带来许多珍贵的资料。

和县猿人头盖骨的发现，对于研究中国南方早期人类和北方早期人类在演化上的差异、关系、位置以及中华民族文化渊源提供了重要的实物依据。特别是对研究，当时动物和人类的迁徙，以及古地理和古气候的演变有十分重要的价值。而且，正是和县猿人头盖骨的发现，说明了长江流域同样是中华民族文明的摇篮。

炸出的"龙骨"

安徽省和县本来是一处偏僻的小县城，县城的人过着与世无争的生活，这里几十年来也没有任何变化，然而，一夜之间这里吸引了全世界的关注，"龙骨"的发现震撼了世界考古界。

要说和县为什么突然出名，就不得不提"和县猿人"的发现。

1973年的时候，和县正在进行农田水利工程的建设，工地上的工人工作的热火朝天，工人要把水库中的水引下山来灌溉农田，而这些水所经过的地方都是白云岩地质，看起来很容易破碎，但并不好挖，所以要用炸药炸。在一次炸山的时候，意外地炸开了一个洞穴。这个洞穴很低，只有一米多高，几个好奇的工人爬了进去，在里面发现了许多奇形怪状的骨头。这个发现顿时轰动了整个县城，因为这种骨头被中医称为"龙骨"，具有止血治病的奇效。发现"龙骨"的消息引来了周边的人，一时间前来挖掘龙骨的人络绎不绝，仅仅几天的时候就挖出数千斤"龙骨"。

据当时的目击者回忆到，来挖"龙骨"的人很多，直到有一天这个洞穴突然塌落，还压死了一个正在挖"龙骨"的农民，前来挖掘的人才逐渐减少。人们以为挖"龙骨"让神仙发怒了，所以让洞穴塌落，如果还不停止，就会给县城的人带来大的灾难。之后。虽然没有人来挖了，但是却引起了相关部门的关注，一群文物考古工作者正在前来。

"龙骨"其实是猿人化石

"龙骨"的大量发现引来了考古工作者的好奇，之后一群考古工作者来到了和县，并且从百姓手中回收了许多"龙骨"。就在回收的这些"龙骨"中，考古工作者发现，这些所谓的"龙骨"其实就是化石，而且有一颗是古猿人的化石！这项发现立刻引起了考古工作者的重视，因为古代猿人是人类缺失的一环，对世界来说都是一项重要的发现，更何况是中国人的老祖宗呢。

之后，一大批考古队员来到了这个洞穴，因为这个洞穴旁有一个叫做龙潭的水潭，所以就称这个洞为龙潭洞。考古队员挖掘的时候，发现了大量的化石，这些化石好像是被人故意放在这里的，横七竖八的躺在地上，犹如一座化石仓库一样。经过查收，仅鹿角的化石就采集了二十多件，而其他破碎的化石更是不计其数。

之后，考古队员继续在这里挖掘，结果发现了大量人类生活的痕迹。另外，在龙潭洞中还发现了一些骨制品和角制品，这些东西都是被人为打造的，而且还发现了用火的痕迹。

Tips 知识小百科

经专家分析，和县猿人头盖骨属青年男性，保留了一系列原始的性状。和县猿人总的形态与北京猿人较为相似，又有一些较进步的特征，均属晚期直立人。对人类的起源有重要的参考价值。

第六章
Chapter 6

未解之谜——探索
史前文明的真相

人类出现在地球以前，难道真的没有其他文明出现了吗？地球经历了几十亿年的岁月，为何到现在才让人类出现？种种考古发现似乎告诉我们，人类并不是地球的主宰，早在很久以前地球上就已经有过类似文明出现了，只不过最后因为各种原因而被摧毁。这似乎从另外的角度得以印证，人类的文明也有结束的一天。

玛雅文明和埃及文明

对于埃及文明来说，一样有独特的地方，但没有人能想到，或许玛雅文明和埃及文明还有过交集，而且埃及文明中的某些神秘之处正是从玛雅文明中吸收而来的。

我们介绍过了，金字塔对玛雅人来说是十分神圣的，传说是神灵居住的地方，而且重大的祭祀都会在金字塔内进行。而埃及文明中金字塔的地位也十分高，这就不禁让人想像，莫非这两个跨越大洋的古老文明，竟然有这样的共识吗？

现在埃及全国共发现108座大小不一的金字塔，最大的金字塔是胡夫金字塔，这些金字塔的形状都是立体三角形，而且都是由重达数吨至数百吨不等的石块堆砌而成。相对玛雅金字塔的种种不解之谜，埃及金字塔的不解之谜貌似更多，研究古埃及文明的科学家不光对金字塔内的木乃伊好奇，而且对金字塔本身是如何建造的也很好奇。到现在为止，没人知道古埃及人是用什么工具和力量，修建了如此宏伟的金字塔，也不知道这些金字塔的修建原因是什么，难道真的是为了让埋在里面的法老复活吗？

埃及金字塔是如何修建的

金字塔修建的问题一直是个迷，研究埃及文明的专家也一直争议不断，目前还没有一个统一的说法和结论。2000年前的"西方史学之父"希罗多德曾说，胡夫金字塔的石头是从"阿拉伯山"开采来的，当时的法老胡夫强迫所有埃及人替他做工，将每10万埃及人分为一组为其劳动三个月，这一期间有很多人受不了高强度工作而死去。这些人仅仅使用牲口和滚木将巨石运到建筑地点，然后再将巨石慢慢对垒成金字塔的形状，足足花费了20年的时间才建设完成。

但是，经过考古工作者的发现，其实胡夫金字塔的周围最多只能提供几千人生活，根本无法养活所谓的10万人。另外，这些修建胡夫金字塔的人也不是奴隶，而是有特殊身份的人，它们死后都被妥善地埋葬了，还有陪葬品等等。而当时如果是奴隶的话，根本就不会被埋葬的，都是直接扔一边去。通过这些考古发现估计，大约只有25000名劳工参与了胡夫金字塔的建造，而且，这些人仅仅用了二十年就完成了建造。

根据估计，胡夫金字塔所用的近260

万块石块，假设一万名工人每天能将十块重达十吨的巨石推送上去，也须费时近700年，这还只是理论估计，可能实际上还要更久。如果当时修建金字塔的人没有起重工具，根本是无法完成这些工程的，甚至想把金字塔顶层的巨石放上去都不可能。

金字塔的奇异之处

金字塔有一个独特的地方，是现代人都无法做到的，就是金字塔外墙壁的石块都精确地紧贴着，如同利用激光技术切割的一样，甚至是一个刀片都插不进去。这样的成果，即使是利用现代最先进的技术，也是很难完成的。更何况当时的埃及人呢？另外，有些科学家说古埃及人是利用滚木来推动巨石的。但事实上，金字塔附近生长最多的是棕榈树，而这种棕榈树却是埃及人不可缺少的食物。所以，古埃及人不可能会砍伐棕榈树用来制作滚木，这

Tips 知识小百科

经专家分析，和县猿人头盖骨属青年男性，保留了一系列原始的性状。和县猿人总的形态与北京猿人较为相似，又有一些较进步的特征，均属晚期直立人。对人类的起源有重要的参考价值。

样只会令他们连食物都没有。而且，棕榈树的材质比较柔软，根本难以承担数十吨的巨石。所以说，用滚木推动巨石的说法根本站不住脚。

埃及金字塔和玛雅金字塔的不同之处

虽然玛雅人有金字塔，埃及人也建造了金字塔，但两者还是有一些不同之处的。首先就是高度，玛雅金字塔的高度没有埃及金字塔的高，埃及最高的金字塔为"胡夫金字塔"，原高146米；玛雅最高的金字塔为"蒂卡尔4号神庙"，高只有75米，所以他们的高度是没有可比性的，而且埃及金字塔比玛雅金字塔的构造要严谨许多。其次是数量，玛雅金字塔的数量远远超过埃及金字塔，仅在墨西哥境内，人们就发现了10万多座金字塔。而埃及金字塔到现在为止，也只是发现了108座。另外，还有金字塔的外观也有不同，玛雅金字塔顶部多为平台，上面建有神庙，埃及金字塔则是锥顶。最后是功能，埃及金字塔都是法老们的陵墓，玛雅金字塔主要用以举行各种宗教仪式，只有少量玛雅金字塔做为陵墓被使用。

化石中不可思议的发现

化石是人类了解远古生物的结构和生活状态的依据，正是化石这种奇妙的东西，我们才知道远古时期生活的恐龙，两米长的蜻蜓，鸟类的祖先翼龙等等。其实化石也并不只是生物的，一些痕迹也会成为化石，比如恐龙的脚印之类的。

我们生活的地球，已经有45亿岁了，而我们人类的出现仅仅只有几十万年的历史，和地球的年龄相比只不过是一眨眼间的事情。地球曾经哺育过许许多多的生物，体型庞大的恐龙，微小的细菌，聪明的人类都是地球所创造的。但有些物种因为各种原因，随着时间的推移就灭绝了，只留下一些坚硬的骨架被掩埋起来，经过亿万年的演化成为化石。但它们本来的形态、结构，甚至是一些足迹依然被保留着，等待人们去发现。

化石是很难造假的，而且它是证明一种物种存在的直接证据。许多曾经存在的生物，就是通过化石得到证实的，包括人类的起源也是因为猿人化石的发现才被证明的。但是，有些化石并不被承认，因为化石上的东西太不可思议，任何人都无法想像这种化石的出现意味着什么？

人类手指化石

其实人类的化石并不常见，这也就是为什么到现在为止，达尔文的进化论还是没有得到证实的原因。因为想找到一些古猿人的化石，简直比登天还难。目前人类发现最早的人类化石是在非洲，距今有上百万年的历史。然而，一群加拿大历史学家在考古的时候，意外发现了一截人类手指的化石，打破了达尔文的进化论。

这个手指化石被发现的时候，人们以为只不过是普通的人类化石，但是经过碳14的鉴定，却发现这个化石竟然有一亿年的历史！而当时正是恐龙生活的年代，怎么会有人类呢？何况当时连猴子都没有，也就不可能出现类似人类的生物。这样的发现，让考古学者十分惊讶，莫非一亿年前就有人类出现吗？

穿凉鞋的人类足迹化石

一位考古学者在美国的犹他州德尔塔地区的页岩沉淀层中，意外发现了一处人类足迹化石，其历史可以追溯到3～6亿年前。虽然这个发现没有得到重视，因为这听起来太不可思议了，怎么可能在几亿年前会有人类的存在呢？

Tips 知识小百科

通常如肌肉或表皮等柔软部分在保存前就已腐蚀殆尽，而只留下抵抗性较大的部分，如骨头或外壳。它们接着就被周围沉积物的矿物质渗入所取代。化石并不都是平的，大多数是被覆盖其上的岩石重量压平的。

这和达尔文的进化论一点都不

符合。虽然这点已经让众多考古学者惊讶，但另一个发现直接让

众多考古学者目瞪口呆，就是这个人类足迹的化石，这个人并不

是光着脚，而是穿着一双旧凉鞋！

说到这里可能相信的人就更少了，几亿年前有人的存在就

已经不可思议了，还是一个穿凉鞋的人，莫非这个人是从未来

穿越过去的吗？然而，对这个化石进行大量的研究后，确实证

明这个化石属于几亿年前，并没有造假，只不过，可能不是人

类的，而是一种其他生物的足迹。至于是什么，就不得而知了，

说不定是人类的老祖宗呢。

踩扁三叶虫的鞋印

不可思议的化石有很多，而这个踩扁三叶虫的足迹化石无疑

是最出名的，也是最让科学家无法证明为什么会出现的。1968

年的一个夏天，一个美国的业余化石研究者在位于犹他州附近的羚

羊泉寻找化石，这里盛产三叶虫的化石，许多化石收集者都

喜欢到这里。当他来到一处并不起眼的地方，无意间敲开了一块

石头时，却发现了一块震惊世界的化石，这块化石也成为远古

文明存在的证据。

这位名叫威廉·米斯特的美国人敲开石头后，最先发现的就

是一块普通的三叶虫化石，三叶虫是一种生活在地球上六亿

年至二亿年前的原始生物，这种原始生物和生物的进化有着

千丝万缕的关系。科学家证明，三叶虫是所有鱼类的祖先，而

鱼类是爬行类的祖先，爬行类是哺乳类的祖先，也就是人类的祖

先。

当米斯特高兴自己发现了一块三叶虫的化石时，却又发现

这块化石上还保存了一个足迹，而这个足迹不是什么生物的足

迹，而是一个穿着鞋的人留下的足迹！米斯特发现这个足迹后，

立刻被震惊了，经过仔细观察和比对，这个足迹确实是人类的，

也就是说，这个人不但生活在几亿年前，而且还拥有一定的文

明，否则不可能是穿鞋的。事情就是这么巧合，几亿年前，一

个属于人类的，还穿着鞋的脚不小心踩死了一只三叶虫，而这

个足迹和三叶虫就被保存下来了，一直等到今天才被发现。这个

发现顿时在世界引起了轰动，经过许多科学家的观察和研究，最

后都认为这确实是

真实的化石，而且

是人类的足迹。但

是，就是这样的

结果令科学家头

疼，难道曾经有

人类生活过在几

亿年前？

奇迹般的纳兹卡线条

印第安文明中除了神秘的玛雅文化以外，还有一些其他不解之谜，其中纳兹卡线条算是这些不解之谜的代表。本来这些线条在地球上存在了很久，但换了一个角度以后，人们才发现了这些奇迹的纳兹卡线条。

秘鲁的安第斯高原，有一座古城叫做纳兹卡，这里曾经是印第安人生活的地方，虽然现在早已经没有了往日的辉煌，但从遗址上还是能看出当时的繁华。就在这座古城的周围，有一个叫做帕尔帕的山谷，山谷内有一处面积约为250平方千米的荒原。当地的印第安原住民称这里叫做帕姆帕荒原，意思是绿阴盖地，可到过这里的人都知道，这里什么都没有，荒凉至极，只有裸露的呈铁锈色的岩石。

日复一日，年复一年，这片荒原就孤零零地在这里等待，直到有一天，一架飞机从这片荒原的上空经过，人们才领略到这片荒原的独特魅力。

荒原上的巨大图画

1920年的一天，一架西班牙前往秘鲁的民航客机经过这里，有些乘客正在睡觉，而有些乘客正在观看窗外的景色。突然，一个人大声叫喊起来："你们快看，那是什么？"所有乘客都被喊声所吸引，纷纷向外张望。刚开始没有人注意，可当仔细一看，所有人都被吓得说不出话来了。帕姆帕荒原上竟然有许多由线条组成的巨大图案，这些图案虽然由很简单的线条组成，但能很容易辨别出形状，特别是黄色土地上的白色线条，令这些图案更为明显。这些图案大多是一些动物的图案，有的像蜥蜴，有的像蜂鸟，还有的像鹦鹉。其中，猴子、海鸥和蜘蛛的图案是里面最大的。

这些图案不是随意完成的，它们以十分精准的距离不断出现。如果站在地面上观察的话，还会因为光照角度的不同而发生变化。早晨登上山头，可以清晰地看出这些在朝阳照射下的巨幅"地画"。而等到中午的时候，太阳升高，这些"地画"的清晰度就有所改变，不那么明显了。研究人员猜测，这些如此精确、巧妙的图画到底是由何人设计和完成的呢？而且这些图画在地面上并不容易察觉，仿佛是专门为天上的人观看的，可当时印第安人又如何飞上天的呢？帕姆帕荒原上发现巨大图画的消息一经传开，立刻引来个许多科学家和研究者，原本一处无人关注的荒原，现在变成了众人注目的对象。

难道是外星人的跑道

对于纳兹卡巨画的成因，研究人员提出了无数种解释，但没有一种解释能说明这些巨画的成因，也没有一种解释能让人们信服。看似人们的探索已经无法前进，但这些问题的答案就存在这些线条之中，却没有人知道。研究人员依旧努力探索其中的奥秘，而另一边一位作家写了一部小说，令纳兹卡巨画名声大噪，使其有了另一层意义。冯·丹尼肯是一家旅馆的经理，偶尔会写一写小说，他无意间得知了纳斯卡巨画的事情，受到了启发，于是创作了《众神的战车》一书。

书中他就提出一个很有意

思的观点，他认为纳斯卡巨画其实是外星飞行器使用的跑道。书中讲述远古的时候，有一群来自天狼星的外星人降落在纳斯卡高原，然后在这里开始为自己修建跑道。当然，对于这个说法，他只是猜测，唯一的解释就是那些酷似机场跑道的线条。冯·丹尼肯的作品在1968年问世后，立刻引起了不小的轰动，成为国际畅销书，同时也令纳斯卡巨画成为一种神秘的遗迹。但是，科学家们对这种说法明显不屑一顾，因为航天器根本就不需要跑道。而且，纳斯卡荒原的沙土过于柔软，沉重的航天器根本不适合在这里降落。否则的话，这些宇宙飞行员会陷进土里拔不出脚来。

 ## 宗教祭祀的活动

虽然冯·丹尼肯的说法根本不科学，但是这也启发了科学家们关注天空，从天空中寻找这些巨画的意义。最新的看法，也是比较科学的解释是这些巨画是天上星象的翻版。也就是天上的星象是什么，地上的巨画就是什么。我们都知道，天上有许多人类创造的星座，这些星座对人类的航海和辨别方向有很大用处。而当年生活在纳兹卡的人，因为崇拜天上的星座，于是在纳兹卡荒原上创造了纳兹卡巨画，并且每年都在附近对这些形象进行膜拜。这就和人们崇拜某种事物，就会做一个它的替身一样，只不过这些星座的替身有些巨大而已。

远古文明存在之谜

玛雅人预言了四个远古文明的毁灭，并且称人类的文明也将于2012年12月21日走向尽头，而地球会迎来一个崭新的文明。对于这样的说法，虽然上面介绍的证据并不算充足，但也能说明地球上曾出现过类似现代人类文明的东西。

就目前来说，人们对远古文明的认识还很少，有些地方是不承认远古文明存在的。但事实就是事实，随着一些考古上的发现，最先反思的就是许多考古学者，他们对远古文明有更加直接的了解。考古学者就目前来讲已经发现了不少远古文明，但并没有发现远古文明确切存在的证据。

就地球的年龄而言，人类显得不只是年轻那么简单，完全可以算是婴幼儿了。有些人就怀疑，为什么在地球这么漫长的岁月中，没有出现其他的生物，出现其他的文明呢？要知道人类的出现也绝对不是偶然，所以要出现其他智慧生物也不是偶然的事情。虽然现在没有发现什么直接证据证明远古文明的存在，但远古文明的存在却是一个不争的事实，否则就无法解释那些本不应该存在的欧帕兹古物和不可思议的化石了。

日本海底废墟

日本冲绳岛的以南6~30米深的海底，潜水人员发现一处如同谜一般的远古建筑群，这些建筑群的历史很久，可以追溯到上千年前。科学家称这些建筑物为"失落的文明"，指的是这些建筑物属于一个不为人知的文明建造的。但是，有些研究人员却持反对意见，认为这些大型、有序排列的建筑群可能是自然形成的，如果是这样，那不得不说大自然真是一位伟大的建筑家。

这些建筑群明显属于远古建筑，都是由石头堆砌而成，其中有些建筑之间还有铺平的道路和十字路口。特别注意的是，这些建筑和美洲的玛雅文明遗址有相似之处，甚至建筑物上的石质雕刻都有相似的地方。最令人诧异的是，这些建筑中竟然包含了一座金字塔形状的祭坛，这确实让考古学者大吃一惊，因为这种建筑风格根本不是亚洲的建筑风格，更类似于埃及、美洲那边的建筑形式。

考古学者称，如果它是一个沉入海底的城市，那么它将非常庞大。

美洲大陆的发现者

我们现在一般认为，美洲大陆的发现者其实是航海探险家克里斯多弗·哥伦布，他自己也声称是"发现"美洲大陆的第一人。但是，越来越多的考古发现证实，他可能并不是第一位登陆美洲的人。如今，许多历史学家都不再说哥伦布发现了新大陆，而是说哥伦布是令两个文明相互接触的第一人。美洲大陆上很早以前就生活着一群人，包括制作水晶头骨的玛雅人，也包括现在快要灭绝的印第安人。此外，还有证据显示，很早以前就有

Tips | 知识小百科

克里斯托弗·哥伦布是西班牙的著名航海家，哥伦布是个意大利人，自幼热爱航海冒险。他在1492年到1502年间四次横渡大西洋，到达美洲大陆，他也因此成为了名垂青史的航海家。

人前往了美洲大陆，比如在美国和墨西哥境内就曾发现过古代希腊和罗马的钱币和陶器；在墨西哥发现有伊西斯掌握阴府之神的雕像，在美国大峡谷里发现了古埃及的文物，这些远古物品的历史均早于哥伦布登陆美洲的时间。

此外，美洲大陆上甚至发现了古代亚洲人的文物，而且美洲本地也有一些传说称，曾经有一批来自遥远大陆的来访者。

这些故事可能暗示着一个事实，就是早在人类文明之初，这种跨洋的交流就已经产生，但至于这些文明如何跨过大洋，又是如何定位的，这就不得而知了。

斯蒂芬克的真实年龄

斯蒂芬克是古埃及狮身人面像的称呼，许多埃及考古学者认为，斯蒂芬克的年龄距今有4500年左右，但一些研究人员发现，斯蒂芬克的年龄可能更大一些，而且要比现在估计的年龄大一倍多。比利时的一名研究人员就称，斯蒂芬克在古埃及的任何文献中都没有记载，而且就算是旁边的金字塔内部也没有斯蒂芬克的介绍，这个狮身人面像仿佛并不是埃及人制造，因为他们自己对斯蒂芬克也不了解。

而且，研究人员发现，斯蒂芬克的底部有明显的侵蚀风化痕迹，但这可能是由于长期暴露在潮湿的环境下产生的，但斯蒂芬克的附近是一片大沙漠，又何来的潮湿呢？其实，距今一万多年前，古埃及地区拥有很多的雨水，如果是这样的话，斯蒂芬克的年龄则要推到一万年以前，这就早于古埃及文明出现的时间了。也就是说，曾经古埃及生活着一批人，他们拥有一定的文明，并且建造了这个狮身人面像，只不过没有留下任何记载。

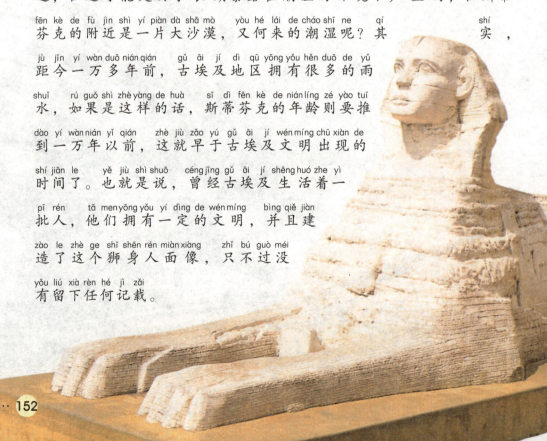